历史·文化经典译丛

葛兰西的二律背反

THE ANTINOMIES of ANTONIO GRAMSCI

[英] 佩里·安德森 著

吴双 译

by

PERRY ANDERSON

上海人民出版社

目 录

一、改动 / 1

　　本书的目的是对葛兰西《狱中札记》中的 hegemony 概念进行语文学分析。葛兰西的 hegemony 概念来自十月革命之前俄国社会民主工党内部关于无产阶级在反对沙皇封建统治的革命中的角色和地位问题的辩论：无产阶级到底应该承认资产阶级对革命的领导权，还是应该争取无产阶级对革命的领导权？葛兰西的过人之处在于，将诞生于俄国语境中的 hegemony 概念转而用于分析西欧议会制资本主义国家资产阶级权力的结构以及无产阶级推翻资产阶级统治的革命策略。葛兰西的分析有两对关键概念：国家与市民社会，同意与强制。

　　在葛兰西对西欧资产阶级权力结构的分析中，存在三个版本的国家与市民社会之间的关系。第一个版本，在西欧资本主义国家，国家是"外层壕沟"，市民社会则是内层堡垒；国家是资产阶级对被剥削阶级进行武力统治或强制的场所，而市民社会则是资产阶级对被剥削阶级进行基于同意的统治的舞台。在这里，霸权更偏向"同意"，指统治阶级在文化和意识形态上的优势，不同于"强制"。第二个版本，国家和市民社会都发挥着霸权的功能，而霸权本身又被重新定义为强制与同意的结合。第三个版本，国家和市民社会合并成了一个更大的统一体，或者说，国家等同于市民社会。

　　在西欧资产阶级权力结构中，同意和强制之间的相互关系是什么？尽管葛兰西坚定赞同经典马克思主义关于必须使用暴力推翻资产阶级统治的论断，但他看到，克罗齐对文化、意识形态以及同意的强调，极大增强了历史唯物主义对资产阶级权力结构的分析，马克思主义只有批判和整合克罗齐，才能实现现代更新。然而，葛兰西探索的问题太过陌生和超前，而他使用的理论工具又来自资产阶级理论家克罗齐和马基雅维利，加上狱中写作条件的限制，导致他的理论出现了不经意的滑动，逐渐偏向"同意"的一极，远离了"强制"的一极。

葛兰西给出的西方革命胜利的秘诀是"阵地战"。要理解这一点，就必须回到当时的语境。1921年3月，德国共产党的"三月行动"遭到惨败。在葛兰西看来，"三月行动"是一场运动战，而它的命运表明必须修正这种冒险主义的革命策略。到了1924年，面对更加激进的共产国际第三时期路线，葛兰西诉诸共产国际否定德共的冒险主义后提出的统一战线策略，他认为统一战线策略更接近阵地战。葛兰西不知道的是，他的阵地战策略很类似于考茨基在与卢森堡的辩论中提出的"消耗战略"。卢森堡指出，考茨基的消耗战略不过是向选举主义和议会改良主义投降的托词。而对二人都非常喜欢借用的军事理论的真正准确的分析，实际上来自托洛茨基。

葛兰西的思考在当代有什么意义呢？当今各资本主义国家中的大多数被剥削阶级，仍然臣服于改良主义或资本主义意识形态。葛兰西的统一战线策略旨在完成的任务，即争取无产阶级意识形态上的觉醒和转变，至今仍未完成。

正是在这一点上，葛兰西《狱中札记》最核心的主题依然有意义。但是，资产阶级国家的性质决定了，在生死存亡的最后较量中，资产阶级将毫不犹豫使用武力镇压，此时，资产阶级的暴力机器将取代意识形态机器，强制将取代同意，走上前台。因此，无产阶级推翻资产阶级统治的革命，既是一场政治斗争，也必然是一场军事斗争。

译者序

在中国现行的学术考核体制中，翻译不算分量很重的成果，甚至压根不算工分，搞翻译似乎是浪费时间。不过，虽然学术首先是一种混饭吃的职业，讲究投入产出比，但学术行业的从业者多多少少也会有一些不那么功利的学术兴趣和追求。这本译作就算是其中之一——之所以花费很大精力翻译这本书，源于它对我个人的智识启发。如今译稿付梓，终于可以把一些个人体验分享给读者。不过，这里先交代一些翻译上的问题。

首先是本书的核心词汇 hegemony 的译法。在本书的姊妹篇《原霸》的前言中，安德森将葛兰西的《狱中札记》称为"或许是关于 hegemony 概念最重要的一套作品"。①Hegemony 在中文世界的通行译法是"霸权"。微妙的是，在中文马列主义

---

① 佩里·安德森：《原霸：霸权的演变》，李岩译，当代世界出版社 2020 年版，第 X 页。

文献中，hegemony 一般翻译成"领导权"，即无产阶级革命领导权。换言之，中文世界的"霸权"和"领导权"在它的原产地欧洲其实是同一个词——在英文中是 hegemony，在俄文中是 Гегемония，在意大利文中是 egemonia。[①]

这就不可避免涉及 hegemony 概念演变的历史。根据安德森的分析，hegemony 概念源于古希腊语 ηγεμονία，指城邦联盟中的霸主城邦与其他城邦之间的关系。一直到 19 世纪末 20 世纪初，这个古典词语才被普列汉诺夫、列宁等俄国革命者发掘出来，用于分析革命斗争中无产阶级与其他社会阶级之间的关系，从而被赋予了全新的含义。葛兰西的贡献在于，他将诞生于俄国革命语境中的 hegemony 概念应用于思考在西欧进行社会主义革命的战略问题。之所以如此，是因为西欧的社会形态完全不同于俄国，不能简单复制俄国革命的经验。俄国仍然是一个封建国家，资产阶级力量比较弱小，俄国革命者面对的敌人主要是千疮百孔的封建沙皇，而西欧的资本主义远比俄国发达，西欧革命者面对的敌人是远比沙皇强大的资产阶级，因此需要截然不同的革命策略。由此，葛兰西运用 hegemony 概念去分析西欧资本主义社会的形态以及资产阶级权力的结构，提出了国家（State）与市民社会（Civil Society）、强制（coercion）与同意

---

① 安德森《原霸》的一大遗憾，就是遗漏了 hegemony 在中文世界的另一个含义"领导权"。关于 hegemony 概念传入中国并翻译成"领导权"一词的过程，可参见李放春：《瞿秋白与"领导权"的定名——Hegemony 概念的中国革命旅程（1923—1927）》，载《近代史研究》2021 年第 5 期。

（consent）的分析框架。

葛兰西用同一个词 hegemony 分析无产阶级和资产阶级的阶级权力，而 hegemony 又对应"霸权"和"领导权"两个中文词汇，于是带来一个翻译上的难题：中译本到底是将 hegemony 统一翻译成某一个词，还是根据不同语境翻译成不同的词，还是干脆保留原文呢？考虑再三，我决定，在只涉及资产阶级的地方，翻译成"霸权"，比如资产阶级的意识形态霸权；在只涉及无产阶级的地方，依照中文经典马列主义文献的译法，翻译成"领导权"；在一般意义上谈论 hegemony 或者同时涉及资产阶级与无产阶级的地方，则同时列出 hegemony 的两个中文含义"霸权/领导权"，并每隔一段距离用括号注明原文。这一点，请读者务必留意。

其次是两个重要概念 war of manoeuvre 和 war of movement 的译法。本书将 war of manoeuvre 翻译成"运动战"，为了区别，war of movement 则翻译成"机动战"。其实，从字面上讲，manoeuvre 比 movement 更书面，应该翻译成相对书面一些的"机动"。不过，考虑到 war of manoeuvre 在本书中出现的频率远高于 war of movement，而且作者交替使用这两个词，意思完全一致，所以我决定采用中文文献中更常见的"运动战"对应出现频率较高的 war of manoeuvre，用不太常见的"机动战"对应本书中出现频率较低的 war of movement。也请读者注意。

此外，还有必要说明几个体例和格式问题。原书脚注中引用的文献，绝大部分都没有中文译本，为了方便读者查找出处，本书脚注保留了文献的作者、标题、版本、刊物、页码等信息的原文。大部分人名本书都在译文后用括号注明原文，但有些非常著名、有通行中文译法的人名，比如 Walter Benjamin，中文译名后则省略了原文。

交代了以上内容，现在可以谈谈这本书对我的启发了。大约在博士三年级时，我看完了这本书，收获很大。安德森的很多分析，不仅回答了我长久以来的一些困惑，而且成为我思考问题的基本方式。

《葛兰西的二律背反》给我的启发，首先是方法。在学术研究中，一种很常见的倾向是，专门研究某位思想家的学者，往往会最大限度地"善意理解"这位思想家，致力于将他的理论"说圆了"；一些走得更远的学者，会在思想家的理论出现明显的模糊、不一致甚至矛盾，以至于研究者很难替思想家"圆场"时，认为思想家必定藏有深意，是后人和读者不理解思想家的巧妙安排或良苦用心，而我们的任务，就是找出思想家作品蕴藏的深意。

安德森则针锋相对提出，这种整个思想史上普遍存在的倾向预设了一个错误的前提：任何伟大思想家的思想必然既庄严深刻又连贯一致，研究者的最高任务是证明思想家根本的内在统一性。但现实经常恰恰相反：一个真正原创的思想家通常会表现出显著的结构矛盾，他的作品中往往存在大量的模糊、滑动、断裂、缺失、不一致、紧张，甚至矛盾，试图将思想家的理论"说圆了"，人为地强加或提炼某种并不存在的统一性，只会简化和扭曲其理论的本来面貌，堵塞那些本来值得进一步挖掘的缝隙和空间。

在安德森看来，存在模糊、不一致以及矛盾，并不意味着思想家的水平不高，他作品的缺陷，往往是高度原创性的代价或副产品。安德森分析说，诸如马克思、列宁、葛兰西等高度原创的理论家通常都要经历相同的命运：必须运用那些为不同目的和时代而设计的旧词汇或曰"承袭语言"（inherited language），去处理全新的问题，建构全新的观念，而这又会掩盖与偏折它们旧有的意思。正如马克思不得不运用黑格尔和斯密的语言去思考自己的创新之处，列宁不得不运用普列汉诺夫和考茨基的语言去思考自己的创新之处，葛兰西也不得不在克罗齐和马基雅维利提供的陈旧且不足的语言装置内生产自己的理论。换言之，正是因为原创思想家处理的是前人没有处理过的新问题，而他们又不得不运用陈旧的概念和理论工具，无法完全覆盖自己关心的问题，无法精确表述自己的观点，因而经常会发生思想家本人也没有意识到的模糊、缺失、滑动、断裂乃至矛盾。分析思想家的局限，并不会损害他的形象，反而能展示原创思想家踏入那些前人未曾涉足的未知领域时的艰难与蹒跚，更重要的是，发现那些值得后人进一步挖掘的缝隙与空白。

其次是这本书对欧洲资本主义发达国家的统治结构以及在资本主义核心地带夺取权力的革命策略的精辟分析。安德森对葛兰西的《狱中札记》进行了细致的语文学（philology）分析，我们这里不必深究细节。大体来说，葛兰西认为，欧洲资产阶级的 hegemony 包含两个关键要素：强制（coercion）与同意（consent）。一方面，欧洲经过两百多年的工业化和国家建设，形成了一整套强大成熟的国家机器，拥有组织完备、能触及每个国民的官僚队伍以及装备精良、训练有素的军队和警察，建设了完善的基础设施和交通网络，国家机器可以迅速动员并将暴力投送到全国任何地方以镇压革命，因而具备强大的强制能力。另一方面，欧洲资产阶级早在封建时代，就开始积累财富，酝酿自己的先进文化，经过几百年的积累，欧洲资产阶级已经发展出了成熟发达的市民社会。在葛兰西看来，在欧洲发达资本主义国家，国家只是"外层壕沟"，市民社会才是"强大的堡垒和工事系统"，它复杂的结构可以为国家抵御重大的政治或经济危机的震荡。拥有财富、教育、自我组织能力与闲暇的欧洲资产阶级发展出了精致发达的文化，将该阶级的特殊利益包装成全体国民的普遍利益，掌握了文化优势（cultural ascendancy）。相比之下，贫穷、缺乏教育和闲暇去发展自己文化的无产阶级，反而心甘情愿被资产阶级的文化俘虏，处于意识形态上臣服（ideological subordination）的地位，使资产阶级得以进行基于同意的统治（rule by consent）。

更关键的是，资产阶级国家机器本身不仅仅具有强制功能，它同时具有至关重要的意识形态功能。许多马克思主义者指出，历史上所有的统治阶级通常都得到了被剥削阶级对自己遭受剥削的同意，那么，资产阶级 hegemony 中的同意有什么特殊之处呢？根据安德森对葛兰西的分析，资产阶级 hegemony 中同意的新颖之处在于，它采取了大众信仰的基本形式，让大众相信自己在现有的社会秩序中行使最终的自决权。正是在这里，资产阶级议会民主制扮演了关键角色：它能制造"组织化的同意"（organised consent）或曰"制度化的大众同意"（institutionalised popular consent）。在资产阶级议会民主制下，定期举行竞争性选举，让人民以为自己参与了政治，上台的统治者经过了自己的同意和授权，是自己的"公仆"和"代表"，因此，人民服从的法律是自己同意授权的"代表"和"公仆"制定的，于是，人民最终不过是在服从自己制定的法律。资产阶级并不像过去的统治阶级那样宣称自己拥有某种本质的优越性，有资格成为统治阶级，而是宣扬所有公民的民主平等，使人民不相信任何统治阶级的存在。这就用法律上的自由和平等掩盖了资本主义生产关系根据对生产资料的不同获取机会，将所有人分配到不同社会阶级中的阶级不平等。因此，资产阶级国家"代表"了从社会阶级中抽象出来作为个体和平等公民的全体人口，它向劳动群众展示了，他们在市民社会中不平等的地位，在国家中似乎是平等的。议会每四五年选举一次，作为民意的主权表达，将国家的虚构统一性（fictive unity）反映给群众，就好像它是他们自己的自治政府一样。剥削者和被剥削者在法律上的平等，掩盖了"公民"内部的经济分化以及大众完全被排除在议会运作之外的现实。因此，议会制国家构成了资产阶级所有其他意识形态机制的中枢。

但是，安德森指出，最终，资产阶级国家的意识形态功能要以武力作为后盾。议会民主制的正常运行，根本上依赖于资产阶级国家对合法暴力的垄断。在日常状态下，资产阶级 hegemony 中强制和武力的一面隐而不见，一旦形势发展到危及资产阶级统治的紧要关头，强制和武力就会走向前台，毫不手软地镇压革命，实行"资产阶级专政"。也就是说，一旦失去暴力，资产阶级的意识形态和文化系统将立刻变得脆弱。而有了暴力，这个系统就变得非常强大，强大到可以貌似"没有"暴力。可见，资本主义核心地带的革命者面对的敌人要远比资本主义薄弱地带的敌人强大，他们不仅掌握了更加强大的暴力机器，还有远为强大的文化霸权，也就难怪那里的革命都失败了。这有助于理解，为什么像俄国与中国这样的工业化滞后、资产阶级力量较弱的国家，才成为全球帝国主义体系的"薄弱环节"，成功地走上社会主义道路。

本书的出版，经历过一些波折，否则本可以更早与读者见面。佩里·安德森教授和安德森夫人帮助解决了版权问题，安德森夫人还细致地校阅了译稿的部分内容，我在此表示衷心的感谢。还要感谢上海人民出版社的认可与信任。最终得以出版，也就足够了，就像莎士比亚那部戏剧的题目所说："结果好，一切都好"（All's Well That Ends Well）。此外，感谢我的老师章永乐教授牵线搭桥，帮助我联系作者和出版社，译文的初稿还曾在章老师主持的半渡读书会上做了报告。也是在读书会上，我第一次听章老师说起他在 UCLA 念博士时的导师佩里·安德森以及他的《葛兰西的二律背反》。《礼记·学记》有云："独学而无友，则孤陋而寡闻。"选择走学术这条路，固然需要一些抱负和决心，但前路漫漫，学术的日常其实很多时候难免枯燥、煎熬甚至沮丧，需要一些同行伙伴的激励，才能坚持下去，走得更远。读书会在北京大学法学院陈明楼举行，而我人在青岛崂山的中国海洋大学，只能线上参加，但也不会减损讨论的愉悦。连续几个星期，我们每周日下午，一边阅读译稿，一边讨论，顺便帮助我校对，于是才有了摆在读者面前的这本小书。

　　尽管安德森是一位马克思主义知识分子，但却是"高富帅"出身，他上的是伊顿公学和牛津大学，后来又自己掏钱，买下了《新左派评论》杂志，一编就是几十年，这哪是一般英国工人家庭能干的事情。① 也因此，安德森的文笔十分典雅，他喜欢使用生僻的词汇和富有文学性的修辞，这给翻译增加了很大难度。原文中有很多词汇和修辞，在中文里很难找到合适的表达，

---

① 卞海、开儒：《高富帅闹革命：Perry Anderson 的家史》，载微信公众号"经略网刊"，https://mp.weixin.qq.com/s/-skOYgDZHtLw1uvPZCkH2A，2023-07-09。

每当此时，我就真正体会到了严复在翻译《进化论与伦理学》时那种"一名之立，旬月踟蹰"的心情。虽然我已经尽了最大努力在准确译出原文意思的同时，保留原文的文学性语言和修辞，但限于知识和能力，肯定存在这样那样的不足。人们经常说，翻译是"二次创作"。安德森的理论水平与他那"老牛津"的典雅文笔自然不用多说。至于我的译文质量如何，就交给各位读者评判吧。

吴　双

2023 年 7 月 6 日于中国海洋大学法学院

前　言

今天，没有哪位意大利思想家享有比安东尼奥·葛兰西更高的声望。如果依照学术引用和互联网查阅，他比马基雅维利更有影响力。关于他的文章和书大约有 20000 篇（部）。面对如此海量的文献，我们能找到方向吗？ 20 世纪 40 年代晚期，根据主题预先整理，并出于政治考量删减过的《狱中札记》第一次在意大利出版。20 世纪 70 年代早期，《狱中札记》第一次被大规模翻译成外文，昆汀·霍尔（Quintin Hoare）和杰弗里·诺威尔·史密斯（Geoffrey Nowell Smith）译出了《狱中札记》的英文节选，使它获得了全球范围的读者，这可能是迄今为止查阅最多的单部葛兰西著作。大约四十年过去了，这部作品在世界范围的反响（reception）本身就是一个值得讨论且牵涉甚广的学术话题。① 在一个与葛兰西生活和思考的时代差异如此巨大的

---

① 除了其他众多著作以外，还可以参见两本文集 *Gramsci in Europa e in America*, Bari 1995，以及 *Gramsci in Asia e in Africa*, Cagliari 2010。

年代，对葛兰西作品的运用达到如此规模，很大程度上可以归因于他的遗产区别于同时代革命者的两个特征。

首先是葛兰西遗产的多面性（multidimensionality）。《狱中札记》涵盖的主题在左派理论文献中无可匹敌——欧洲主要国家的历史；它们的统治阶级的结构；它们对被统治者的统治（dominion）的特征；知识分子的功能与变异；工人的经验与农民的世界观；国家与市民社会的关系；生产与消费的最新形式；哲学与教育问题；传统或前卫（avant-garde）文化与大众或民俗（folkloric）文化的相互联系；民族的建构与宗教的生存；以及超越资本主义并维持社会主义的方式和手段。主题范围广博，空间范围同样如此。《狱中札记》同时汲取了意大利北方的先进资本主义工业社会和南方的前资本主义农业社会的直接经验，如果换个时间，足以同时面向第一世界和第三世界的读者。摆在面前的选项实在太多了。

这部作品的第二个磁铁般的魅力是它的碎片化（fragmentation）。在监狱中，葛兰西的笔记都是为了那些他永远未能自由写作的作品而记下的简短的探索性随笔。正如戴维·福加斯（David Forgacs）指出的，这导致《狱中札记》富于暗示性（suggestive）而不是结论性（conclusive），有待于后人在他死后进行富于想象力的重新解释，从而将这些作品建构成某种整体（totalisation）。① 这些笔记不像一个已经完结的理论

---

① "Gramsci and Marxism in Britain," *New Left Review* I/176, July–August 1989, p. 71.

那样束缚人，而更像一张有待即兴发挥的乐谱，也因此它们对各式各样的演奏者更有吸引力。吸引的另一面必然是诱惑。即兴发挥到什么地步会破坏乐谱呢？这是本书正文要处理的问题。眼下，有必要解释一下本书的起源、目标与反响。作为一项对葛兰西核心政治概念的研究，本书追随了 60 年代早期《新左派评论》(*New Left Review*) 对葛兰西作品的引介，那是历史上第一次在他的祖国以外运用他的作品的持久尝试。这些作品将葛兰西的思想应用于分析过去和当代的英国社会，而不止于阐述。但不久，《新左派评论》开始刊登西方马克思主义经典的翻译和介绍，当时的目的是阐释并评估它的主要思想家。十月革命以后，西方马克思主义在苏联以外的欧洲发展起来，当时很有生命力，卢卡奇、萨特、阿多诺、阿尔都塞都很活跃。[①] 在这个脉络中，葛兰西占据了中心位置。那项集体事业中的一个产品，是我 1974 年发表的一篇试图重新开启这个传统的文章《关于西方马克思主义的思考》(*Considerations on Western Marxism*)。

一年后，《狱中札记》的第一个评述版本在意大利出版，它是一位持重又高贵的杰出共产主义学者瓦伦蒂诺·杰拉塔纳 (Valentino Gerratana) 数年细致工作的果实。有它在手，1976 年年底，我写了《葛兰西的二律背反》(*The Antinomies of Antonio Gramsci*)。之所以用"二律背反"，有语文学和历史学

[①] 参见 *Western Marxism: A Critical Reader*, London 1978 收录的文章。

两层用意：我想用一种在解读《狱中札记》时尚未应用过的方法仔细考察《狱中札记》核心概念的用法，并重构这些概念起源以及它们的含义指涉的政治语境。这样做同样有两个效果：展示《狱中札记》那些最引人瞩目、最具原创性的主题中的振荡、矛盾及其可以理解的缘由；以及表明，从政治上来说，葛兰西是一个带有列宁主义印记的革命者，他的战略思想只有在第三国际及其辩论的语境中才能理解。

作为《思考》的续篇，《二律背反》写于1976年年底，1977年年初发表于《新左派评论》。次年，被翻译成 *Ambiguità di Gramsci* 在意大利出版成书。那时，距离意大利共产党宣布该党与意大利未来的前途在于同基督教民主党（Democrazia Cristiana）达成历史性的妥协已经有一段日子了。1976年夏天，意共在选举中获得了超过三分之一的选票，这是该党有史以来最高的得票数。携胜利余威，意共宣布支持朱利奥·安德烈奥蒂（Giulio Andreotti）领导的"民族团结"政府。这是一个转折点，而大多数西欧国家的共产党都发生了不同形式的转折。这种转折被西班牙共产党领导人圣地亚哥·卡里略（Santiago Carrillo）理论化为欧洲共产主义（Eurocommunism），然后又帮助波旁君主制在西班牙复辟。法国共产党也有样学样，在那里，欧洲共产主义新学说早就有了行家里手。西欧各国的共产党都拒绝第三国际建立于其上的那些基础原则，都认为渐进的议会改良是在使西欧走向社会主义的道路，意大利共产党还额外宣布效忠北约。在这种情况下，对意共来说，葛兰西是民族的偶像，不能随便放弃，但他的形象必须根据时势的需要有所调整，仿佛他是一位高瞻远瞩的先驱，早就预见到了意共将转而致力于循序渐进的和平改良，以实现更高级的民主。

　　然而，意大利社会党在新领袖贝蒂诺·克拉克西（Bettino Craxi）的领导下，不甘心就这样被意共及其历史性妥协边缘化，故意给自己更强大的对头捣乱。1976 年秋天，该党月刊《世界工人》（Mondoperaio）发表了四篇文章，作者都是著名知识分子：两位历史学家马西莫·萨尔瓦多里（Massimo Salvadori）和埃内斯托·加利·德拉·洛贾（Ernesto Galli della Loggia）以及两位哲学家诺贝托·博比奥（Norberto Bobbio）和卢西奥·科莱蒂（Lucio Colletti）。他们祝贺意共的新视野，但呼吁意共不要装模作样扯上葛兰西。出于这样那样的实际考虑，意共已经变成了考茨基和欧洲社会民主意义上的改良主义政党，这是一个很积极的进展，但葛兰西却是一位致力于推翻意共宣布支持的自由民主制的坚定革命者。① 由于意共一直在解释，为什么

4

---

① Egemonia e democrazia. *Gramsci e la questione comunista nel dibattito di Mondoperaio*, Rome 1977, pp. 33–91. 萨尔瓦多里刚刚（1976 年）发表了迄今为止对考茨基最好的研究，是一部奠基性著作，1979 年被翻译成英文，题为 *Kautsky and the Socialist Revolution, 1880—1938*；博比奥的宣言 *Quale socialismo?* 也发表于 1976 年，十年后被翻译成英文，题为 *Which Socialism?*；加利·德拉·洛贾后来创作了一部关于意大利民族认同的最引人注目的作品 *L'identità italiana*（1996）；科莱蒂，1954—1964 年是意共党员，1974 年接受了《新左派评论》（I/86, July–August 1974）的采访，后来出版成书，引起了不小的轰动，一年后在意大利以 *Intervista politico-filosofica* 为题出版，意共在猛烈抨击《世界工人》的专题文集时，说科莱蒂的采访是意大利社会党恶作剧的祸根。

自己的立场是对葛兰西遗产的创造性发展，当 1977 年年初他们看到《世界工人》的文章时，一开始很恼火，被迫为自己辩护，后来顾及全国团结，态度温和了一些，但他们的回应十分蹩脚。这些事情与《新左派评论》发表《二律背反》基本同时，不过我当时没有及时跟踪意大利的政治局势，并不知道上述讨论。

当年晚些时候，为了纪念葛兰西逝世四十周年，意共组织了该党历史上规模最大的葛兰西思想研讨会，在佛罗伦萨举行，并有大量外国人参与。正如一本最丰富的葛兰西思想意大利传播史著作所说，这场研讨会标志着葛兰西在意大利公共生活中的影响力达到顶峰，但顶峰的另一面是危机。[①] 同一年，爆发了广泛的学生和青年反对历史性妥协的抗议运动，即自主运动（Autonomia）。2 月，意共内部的工会派领袖被愤怒的学生驱逐出罗马大学，他曾经劝告工人，为了支持民族团结政府，工人必须作出经济上的牺牲。秋天，博洛尼亚实际上发生了起义。最终，自主运动逐渐退去，但意共却由于同基督教民主党的联姻而在政治情绪高昂的青年一代中一蹶不振。到 1978 年年底，所谓历史性妥协的彻底失败已经再明显不过了。在次年的选举中，意共受到了应有的惩罚，基督教民主党抢走了意共的选票，却没有任何回报，从此意共缓慢趋于解体。

---

① 参见 Guido Liguori, Gramsci Conteso. *Interpretazioni, dibattiti e polemiche 1922—2012*, Rome 2012, pp. 269–272. 这个值得称赞的平衡叙述是一位忠诚党员的作品，他忠于自己记忆中那个曾经的意共。

所以，1978 年春 *Ambiguità di Gramsci* 在意大利出版，正处于意共极力证明自己支持民族团结政府的立场完全符合葛兰西，但其政治路线和整体立场都遭到左翼青年激进分子激烈抵制的紧要关头。对后者来说，葛兰西无关紧要。而对前者来说，一切葛兰西与布尔什维克存在联系的提示都会使自己寻求的与基督教民主党的联姻显得尴尬。自然而然，一方无视这本书，另一方则不屑一顾。[①]

不过，大约六年后，一个新的回应呼之欲出。此时，所谓历史性妥协已经被放弃了，尽管没有被明确否定。一位前程似锦的意共知识分子詹尼·弗朗奇奥尼（Gianni Francioni）以 *L'officina gramsciana* 一书完成了首秀。这本书提议，尽可能精确地确定《狱中札记》写作的时间顺序，在此基础上对《狱中札记》进行重新解释，试图达成两个目标：否定杰拉塔纳的评述版《狱中札记》的顺序，后半部分则致力于反驳我的《二律背反》。[②] 关于第一个目标，弗朗奇奥尼罗列了一大堆图表，试图证明自己的发现很新颖很重要，但杰拉塔纳委婉表示自己并

[①] 在当时的乱流中，个人经常改变立场。在 1964—1974 年的十年间，科莱蒂是一位雄辩地批判意共的左翼批评家，到了 1977 年，他已经靠近意大利社会党的右翼立场了。看了我的《二律背反》后，他写信给我说，他觉得写得很好，建议那家出版了他的采访的意大利出版社出版，但他自己已经决定有必要彻底重新反思一切：letter, 1/6/1977。很久以后，他作为西尔维奥·贝卢斯科尼领导的中右翼集团的一员当选议会议员。

[②] *L'officina gramsciana. Ipotesi sulla struttura dei "Quaderni del carcere,"* Naples 1984：第 17—146 页致力于第一个任务，第 149—228 页致力于第二个任务。

没有被说服。① 弗朗奇奥尼对葛兰西在监狱中写作的实际物质和道德条件的发展轨迹完全缺乏考虑，相比于接下来十年里另一位学者劳尔·莫登蒂（Raul Mordenti）敏锐而又动人的叙述，他对葛兰西写作历史的研究乏善可陈。②

至于另一个目标，弗朗奇奥尼论证的两个指导原则是，断定葛兰西的概念体系本质上是连贯一致的，并将其从重大的历史语境中抽象出来。关于第一点，弗朗奇奥尼不断重复法国的一位欧洲共产主义（Eurocommunism）的忠诚卫道士克里斯汀·布西-格鲁克斯曼（Christine Buci-Glucksmann）的观点，即一旦我们意识到，葛兰西讲的国家概念是"扩大了的"或曰"整体的"（integral）国家，既包括国家，也包括市民社会，他对"国家"和"市民社会"两个概念运用中的矛盾就消失了。关于第二点，弗朗奇奥尼将表明葛兰西的政治视野与当时的意共几乎没有任何共同之处的所有证据一概标为禁忌，无论这些证据多么清晰。时间顺序上的狡辩，对他的论证根本没什么帮助。③ 作为意共的一项护教事业，*L'officina gramsciana* 随着党

① Gramsci. *Problemi di metodo*, Rome 1997, "Impaginazione e analisi dei *'Quaderni'*," pp. 143–153.
② "Quaderni del carcere di Antonio Gramsci," in Alberto Asor Rosa (ed.), *Letteratura italiana*, Vol. IV, Turin 1996, pp. 553–629. 只要比较一下莫登蒂第 580—582 页及以后各页的分析表和传记评论与弗朗奇奥尼第 137—146 页的附录，就能看出区别。
③ 弗朗奇奥尼的主要反对意见是，我对《札记》中霸权/领导权的三种不同用法的处理不尊重它们在《札记》中第一次出现的顺序。事实上，我说过，它们在葛兰西写作笔记的整个过程中都同时发挥作用，因此对它们进行分析叙述而不是历时叙述，是合乎逻辑的。

本身一步步走向寿终正寝而很快被现实淹没。三年后，也就是1987年葛兰西逝世五十周年纪念，科莱蒂终于可以欣然说道，现在的意大利左派全部是改良主义者，但葛兰西从来不是，于是党顺理成章几乎不可逆转地采取了疏远葛兰西的立场。在意共内部，包括葛兰西研究所主任阿尔多·斯基亚沃内（Aldo Schiavone）在内的不止一位党内权威一致认为，综观党的总体政治，没有留下一丁点葛兰西思想的痕迹。① 也可以说，在导致它不久之后灭亡的那些人的脑海中，同样没有留下任何其他重要的思想。

　　在意大利，意共的消亡并不意味着公众对该国最伟大的思想家失去了兴趣。太多机构和学术界的人就靠葛兰西及其作品混饭吃，以至于形成了一个葛兰西产业，不可能因为开创这个产业的意共消亡就偃旗息鼓。整个90年代乃至21世纪，在超然于当代政治的语文学（philology）中，对葛兰西作品的解经（exegesis）一直持续不断，当然这种解经未必脱离过去时代的政治。顶点是2007年，"在共和国总统的大力赞助下"启动的"国家版葛兰西作品全集"（Edizione Nazionale of Gramsci's *opera omnia*）项目。计划一共出版大约十九卷，但十年后只出版了三卷，而且其中两卷都是葛兰西翻译其他作家的作品。照这个速度，要到2070年才能全部出版完毕。编辑《狱中札记》几卷的任务被委托给了弗

---

① "Oggi non troviamo più una sola delle indicazioni politiche gramsciane alla base della politica complessiva del Pci". 参见 Liguori, *Gramsci conteso*, p. 310。

朗奇奥尼，他终于可以实现自己取代杰拉塔纳版本的雄心了，这位拥有老一辈正派作风的学者被他自己党的继承人冷落了。① 一些对葛兰西怀有深情记忆的学者以比较委婉的语气表达了对这个项目的疑虑。弗朗奇奥尼提议重新编排《狱中札记》，遭到猛烈抨击，大家都认为这是一个武断的个人决定，一方面服务于某种不可告人的政治目的已经昭然若揭，且缺乏语文学依据；另一方面，这个国家版是文化部下令编纂的，它的纪念意味*引起了一些本来同情该项目的评论家的担忧：这个国家版的实际效果存在葛兰西被官方束之高阁（mummification）的危险。②

意大利最引人注目的另一些关于葛兰西的文献的主旨完全不同，都是关于葛兰西个人生平和政治生涯的传记作品。这些文献最近几乎爆发式出现，因为意共存放在罗马并严格管控的

---

① 他的后继者甚至没有邀请他参加葛兰西逝世六十周年纪念，这个事件堪比巴尔扎克笔下的情节。杰拉塔纳 1919 年出生于西西里岛，24 岁在罗马加入抵抗运动，在爱国行动队（Gruppi di Azione Patriottica）中战斗并帮助组织重建了该市的意共。他是贾梅·平托（Giaime Pintor）的朋友和同辈人，平托是他们那一代最有天赋的作家之一，1943 年牺牲，1950 年，杰拉塔纳编辑并推出了他的遗作 *Il sangue d'Europa*。英语世界的读者可以从《新左派评论》第 1 辑第 86、101–103、106、111 期翻译的杰拉塔纳写卢梭和伏尔泰、马克思和达尔文、列宁和斯大林、阿尔都塞和海德格尔的文章中，感受一下杰拉塔纳作为一位思想史学家的品质。他于 2000 年去世。

* 这里可能借用了尼采在《历史的用途与滥用》（*Vom Nutzen und Nachteil der Historie für das Leben*）中区分的三种历史：纪念碑式（monumentalische）的历史、怀古（antiquarische）的历史、批判（kritische）的历史。——译者注

② Liguori, *Gramsci conteso*, pp. 337–343, 418–420: 弗朗奇奥尼修改《狱中札记 10》的提议遭到驳斥，他的修改实际上是一种蒙太奇剪辑，意在将这本札记从对克罗齐的批评变成对布哈林的批评，从而表明葛兰西在斯大林时代敌视苏联马克思主义。

档案，现在放松管控了，尽管可能是选择性的，同时莫斯科也公开了原先封闭的卷宗，尽管可能不完整。大量新的文件证据使真相大白，关于葛兰西妻子的俄国家庭，关于他妻子的姐姐塔蒂亚娜·舒赫特（Tatiana Schucht）和皮耶罗·斯拉法（Piero Sraffa）如何帮助狱中的葛兰西与党联系，共产国际和意共对他采取的措施，他死后《狱中札记》的命运以及许多其他的事。这些档案催生的丰富研究文献包含了很多有趣的东西，但一直受到两个相反的重要动机的撕扯。① 在意大利，共产主义也许消失了，但反共主义没有消失，很多这些传记作品只不过是抽打意共或陶里亚蒂（Togliatti）的棍子，哪怕该党早就在政治上成了一条死狗（chien crevé）。相反，后共产主义（post-communism）却竭尽全力重塑葛兰西的形象，以此为自己的转型辩护，他们说，葛兰西不仅预见了，事实上已经与一般意义上的资本主义以及具体而言美国治下的世界秩序达成和解。② 两边都大搞耸人听闻、猜测与篡改。最过分的是，反共阵营居然说

10

———————

① 主要文献包括：*L'ultima ricerca di Paolo Spriano*, Rome 1988; Aldo Natoli, *Antigone e il prigionero*, Rome 1991; Giuseppe Fiori, *Gramsci, Togliatti, Stalin*, Rome 1991; Massimo Caprara, *Gramsci e i suoi carcerieri*, Milan 2001; Angelo Rossi, *Gramsci da arctico a icona*, Naples 2010; Luciano Canfora, *Gramsci in carcere e il fascismo*, Rome-Salerno 2012; Giuseppe Vacca, *Vita e pensieri di Antonio Gramsci, 1926—1937*, Turin 2012; Franco Lo Piparo, *I due carceri di Gramsci*, Rome 2012 and idem *L'enigma del quaderno*, Rome 2013; Mauro Canali, *Il tradimento*, Venice 2013. 杰拉塔纳编辑的斯拉法与塔蒂亚娜·舒赫特的通信集 *Lettere a Tania per Gramsci*, Rome 1991，属于不同的类型。

② 例如，参见 *The H-Word*, pp. 80–81。

葛兰西是一个自由民主主义者，早在狱中就与共产主义决裂了，而且陶里亚蒂不仅默许继续囚禁葛兰西，还在他死后压下或销毁了其中一本清楚无误表明葛兰西皈依西方价值观的札记。这激起了后共产主义阵营的回应，他们发布了一份问题清单，列举了大约二十个愤怒或轻蔑的答复。[①] 双方在媒体上大打口水仗，这对意大利当前的思想生活可不是什么光彩的宣传。

在意大利以外，近几年最有分量的《狱中札记》研究作品是彼得·托马斯（Peter Thomas）2009 年出版的《葛兰西时刻》（*The Gramscian Moment*）。该书沿着弗朗奇奥尼的思路并追随布西-格鲁克斯曼的权威，将近一半的篇幅是在反驳《二律背反》。[②] 中心意思仍然是那个观点，即葛兰西对"国家"和"市

---

① Angelo d'Orsi (ed), *Inchiesta su Gramsci. Quaderni scomparsi, abiure, conversioni, tradimenti; leggenda o verità?*, Turin 2014. "后共产主义"一词，一般来说指意共仍然存在时的意共党员身份。在绝大多数情况下，它也意味着放弃与共产主义的一切联系。但在这本书中，和其他地方一样，有一小部分人仍然忠于过去的理想，厌恶民主党——据说是意共的继承人——对这些理想的所作所为。他们通常来自重建共产党（Rifondazione comunista），这个目前还很小的组织在1991 年抵制了意共的自我解散，劳尔·莫登蒂是其中一个著名的代表。许多反共文献的一个荒唐特征是，声称自己代表了一种源自卡洛·金兹伯格（Carlo Ginzburg）的强调蛛丝马迹的历史探究原则（heuristic principle）。对面阵营的弗朗奇奥尼也同样喜欢自负的卖弄：*L'officina gramsciana*, p. 23。

② "安德森的错误，正如弗朗奇奥尼证明的那样……"，"弗朗奇奥尼提供了以下有用的评论……"，"弗朗奇奥尼指出……"，"弗朗奇奥尼认为……"，"弗朗奇奥尼的证明……"；"布西-格鲁克斯曼的 Gramsci and the State 可以说是对安德森论点几乎逐字逐句的含蓄反驳……"，"正如布西-格鲁克斯曼强调的……"，"套用布西-格鲁克斯曼的一个说法……"，"就像布西-格鲁克斯曼首先提出的……"，"布西-格鲁克斯曼有先见之明地指出……"，"布西-格鲁克斯曼认为……"，"布西-格鲁克斯曼指出……"，出自 *The Gramscian Moment: Philosophy, Hegemony and Marxism*, Leiden 2009, pp. 57, 81, 97, 116, 140, 220–221, 224, 238, 406。

民社会"的多种用法完全连贯一致，都源于一个包含了两者的"整体的"国家概念。托马斯将这种国家概念追溯至黑格尔，认为对国家概念的这一发展才是葛兰西真正的原创之处，而不是对 *hegemony* 的关注。对英语世界的读者来说，《葛兰西时刻》发挥了大规模介绍托马斯所说的"葛兰西研究学术最新季"语文学成果的作用。[①] 不过，这种作用也着实有点怪异。托马斯评价说，《二律背反》"是英语世界最知名最有影响的葛兰西研究"，"赢得了广泛的赞同"，"呈现了一个广为接受的代表性葛兰西形象"，在该领域确实是名副其实的"试金石"，由此激发了自己的长篇批判。[②] 粗略地浏览一下现有的研究就会发现，绝大多数研究路径类似托马斯，足以打消任何这样的看法。

12

比这个怪异之处更重要的是，一本声称旨在"重新提出一个独特的马克思主义研究计划"的书居然不关心政治（apolitical）。[③] 这本书花了整整四百五十页篇幅谈葛兰西，却几乎没有一处具体提及他的政治，更不用说他在意大利或其他地方引发的政治反响——没有一次提到阿托斯·利萨（Athos Lisa）关于葛兰西狱中政治演讲的报告，从很多角度来说都无法忽视（inconvenient）。尽管这也是追随弗朗奇奥尼的脚步，但这种沉默的原因显然不一样，因为托马斯对历史性妥协或之前和之后的事毫无疑问谈不上

---

① *The Gramscian Moment*, p. 441.

② Ibid., pp. xx–xxi, 47, 80.

③ Ibid., p. 441.

丝毫同情。那该如何解释呢？答案可能在于作者对当时意大利后共产主义学者圈子的依赖，《葛兰西时刻》赞美了他们的作品，担心采取强烈或明确的政治立场会冒犯他们的感情。① 然而，如果把这种心照不宣的联系仅仅归结为礼貌，就大错特错了。一个共同的前提显然在起作用，它在整个思想史上普遍存在，超出了葛兰西研究，这个假设如此普遍以至于人们几乎会不假思索——任何伟大思想家的思想必然既庄严又连贯一致，评论家的最高任务是证明其根本的内在统一性。现实恰恰相反：一个真正原创的思想家通常会——不是随意地，而是在智识上情有可原地（intelligibly）——表现出与其创造力密不可分的显著的结构矛盾，试图人为地强加或提炼某种同质性只会导致简化和扭曲。显著的例子是现代早期最有影响力的三位政治思想家马基雅维利、霍布斯和卢梭的命运，他们的所有作品都被某种中心矛盾撕扯着，却深受错误地将戴维森的善意理解原则（Davidson's principle of charity）应用于他们的作品之害。在这个根深蒂固的习惯之下，任何对葛兰西的善意研究，都会变成对其更高统一性的证明，用古代和中世纪的话说叫"拯救表象"（saving the appearances），② 在这一点上，产生过多少有些独创性的手法。托马斯的书不应该因

---

① 这本书呈现——或未能呈现——政治的典型方式是这样的套路："我们在这里的任务不是对陶里亚蒂的复杂政治算计说三道四……"；"葛兰西批评他所看到的，无论公平与否……"，等等，出自 The Gramscian Moment, pp. 105–106, 213。

② 辛普利修斯（Simplicius）公元 6 世纪提出的术语，用于调整托勒密天文学以解释天文中的异常现象，在伽利略命运的争论中很有名。

一个如此普遍的错误而受到特别指责，也不应该被贬低成只有错误，因为这部作品的大部分篇幅是关于《狱中札记》更严格的哲学方面的内容。

就葛兰西而言，葛兰西本人的信念与对他文本的标准用法之间存在明显的反差。且不说党内官僚的篡改，这不全是因为后世阐释者对葛兰西文本的扭曲，而是因为葛兰西的智识探索本身包含很多发散的着重点，而他又不急于进行调和或总结。他并不试图建构一个体系，他明显不在乎可能存在的矛盾以及因审查而出现的一系列隐晦用词和省略。而且，从他选择简短的探究性随笔这种写作形式来看，很显然葛兰西主要对那些历史唯物主义未曾涉足的领域，那些马克思主义传统很少提及的问题感兴趣，因为他觉得马克思主义已经说过的东西大部分理所当然是正确的。这两种情况——整幅图案松散拼接的特征，探索的形式以及某些未言明的背景假设——使葛兰西的作品不必顾及解释上的连贯一致以及共产国际教义的参考规则。如果葛兰西能将《札记》整理出版，他肯定会注意这些。只要看看他入狱之前的作品，就知道我们所言非虚。葛兰西在监狱中采用的思考形式，与一本普通的书没什么不同，这使他的思考很可能并不总是沿着一致的方向，有时会留下一条逻辑路径，得出与他在其他地方所说的不一致的结论。像我一样说葛兰西在这种情况下"迷失了方向"，过于戏剧化，这是为了与《二律背反》全文的修辞线索保持一致。但是，葛兰西本人很清楚自己思考的临时性和潜在的错误。他写道：

"这本札记中的笔记，和其他札记一样，都是草草记下作为备忘录的快速提示。它们都必须经过仔细严格的检查和修改，因为它们肯定包含了很多误差、错误的联系、不合时宜的内容。我是在没有参考书的情况下写作的，有可能检查过后发现实际情况完全相反，需要彻底修改。"①

《新左派评论》发表《二律背反》几个月后，我读到了埃里克·霍布斯鲍姆（Eric Hobsbawm）对葛兰西的思考，我发现我的文章可能遇到另一种不同的批评。1977 年 3 月，他向一场在伦敦举行的葛兰西会议提交了一篇短文，7 月发表在《今日马克思主义》（*Marxism Today*）上。12 月，意共在佛罗伦萨举行葛兰西逝世四十周年纪念大会，他又将该文扩展为大会演讲，随后于 1982 年发表。② 四分之一个世纪后，最初的伦敦版本成为他 2011 年出版的马克思主义著作《如何改造世界》（*How to Change the World*）中的一章，③ 但在佛罗伦萨发表的更详细的

---

① *Quaderni del carcere*, II, Turin 1975, p. 1365.

② 伦敦版——"Gramsci and Political Theory," *Marxism Today*, July 1977, pp. 205–213；佛罗伦萨版——"Gramsci and Marxist Political Theory," in Anne Showstack Sassoon (ed), *Approaches to Gramsci*, London 1982, pp. 19–36；原文见 *Politica e storia in Gramsci*, II, Rome 1977, pp. 37–51。

③ "Gramsci," in *How to Change the World: Tales of Marx and Marxism*, London 2011, pp. 314–333. 很奇怪，霍布斯鲍姆说这一章来源于佛罗伦萨演讲，并将它列为以前未发表的内容。难道他记错了？两个版本之间的差异是因为受众。面对伦敦的听众，需要解释意大利产生葛兰西这样的思想家的特殊情况，在意大利就不需要了，但意大利的听众希望听到更多重构第二国际以及葛兰西面对的马克思主义论辩的政治背景。出人意料，这两个版本托马斯连提都没提一句，可他冗长的参考书目却腾出空间引用了尼采和维特根斯坦。

版本仍然非常重要。在这两个版本中，霍布斯鲍姆只用了十多页的篇幅，以无与伦比的简洁又有深度的笔法，对革命思想家葛兰西进行了最好的总体描述。

他认为，葛兰西的关键原创之处，在于他基于霸权／领导权（hegemony）思想的概念框架，形成了从资本手中夺取权力的革命战略以及建设一个超越资本的社会的理论。只强调第一点而不给予第二点应有的重视，是错误的。葛兰西喜欢军事隐喻，但从来不会受其禁锢，因为"对士兵来说，战争不同于和平，即便战争是政治以另一种形式的延续，从士兵的职业角度来说，胜利本身就是目的"，而对葛兰西来说，"推翻资本主义和建设社会主义的斗争本质上是一个连续体（continuum），权力的实际转移只是其中一个瞬间"。[1] 由此，"霸权／领导权的基本问题不是革命者如何获得权力，尽管这个问题很重要，而是他们如何才能获得认可和接受，不仅是政治上存在的和不可避免的统治者，而且是向导和领导者"。[2] 这里，有必要记住，与马克思或列宁不同，葛兰西在战后的都灵有过在大规模劳工运动中工作以及领导这一运动意味着什么的直接经验，这使他对在没有国际战争的情况下，推翻现有秩序并建立一个持久的新社会所需的文化转型有了更深刻的认识。社会主义不仅仅意味着生产的社会化，尽管那是基础，而且是社会学意义上的社会

[1] 佛罗伦萨版，第 28 页。
[2] 伦敦版，第 211 页；*How to Change the World*, p. 328。

化，将人们社会化为新的人际关系和真正大众统治的结构，消除国家和市民社会之间的障碍。不仅在革命之前和之中需要赢得霸权 / 领导权，而且在革命之后同样需要赢得霸权 / 领导权，而这只有通过积极的群众参与和双方合意的教育（consensual education）、"新意识的学校，社会主义未来的更全面的人性"，才能实现。① 在俄国，这种前景被官僚主义破坏的危险，显然是他在监狱中萦绕心头的一件事。

霍布斯鲍姆评论说，这是一个基于一种马克思主义一直缺乏的一般政治理论的愿景，它将葛兰西与马基雅维利作为创建并变革社会的思想家而联系起来。不过，葛兰西观念的独到之处在于，他意识到，政治不仅仅是权力——社会不仅仅是经济统治或政治力量的结构，而且也具有一定的文化凝聚力，哪怕在被阶级对抗撕裂的情况下依然如此。在现代条件下，这意味着民族（nation）始终是阶级斗争的关键舞台。通常，将民族等同于统治者的国家和市民社会是他们霸权中最强大的因素，而革命胜利的关键就在于成功挑战这一霸权。

从战略上讲，在第一次世界大战之后工人运动遭遇一系列挫败以及苏联被孤立的情况下，欧洲工人阶级被迫面对一场阵地战（war of position）。但这不是绝对的原则，如果情况发生变化，也可能出现机动战（war of movement）。另一方面，这

---

① 佛罗伦萨版，第 34 页。

也不仅仅是在西方进行革命的临时要求，而且是世界各地一切艰苦革命斗争的必要组成部分。霍布斯鲍姆告诉他的意大利听众，葛兰西既不是渐进主义者，也不是欧洲共产主义者的先声。他在监狱中写作时，正值中欧和东欧的工人阶级惨遭法西斯主义打击，他试图寻求摆脱当时第三国际僵局的出路。但与其他任何领导人不同的是，他看到成败只是一时的，不会一成不变，并且"有可能通过他所谓的'消极革命'（passive revolution），对进步力量造成更危险的长期削弱。一方面，统治阶级可能会通过满足某些要求来预先阻止和避免革命，另一方面，革命势力可能会在实践中（尽管未必在理论上）承认自己的无能，被腐蚀，然后在政治上被整合进体制"。① 霍布斯鲍姆在伦敦讲的这些尖锐的话，在佛罗伦萨听众面前就没讲了。

葛兰西不应该根据战后意共现在或过去的政策来评判，也不应该被视为一个不容置疑的权威。他对斯大林时代苏联政权的观察过于乐观，他暗示的针对它的补救措施无疑不够充分。他赋予知识分子在工人运动和整个历史中以重要作用，实际上并不令人信服。表达这些异议恰恰是效法他的榜样。霍布斯鲍姆在佛罗伦萨演讲结尾时说："我们有幸能继续他的工作，我希望我们能像他那样尽可能独立自主地行事。"②

对葛兰西狱中的思考没有其他令人信服的论述了。以它达

18

① 伦敦版，第210页；*How to Change the World*, p. 327。
② 佛罗伦萨版，第35—36页。

到的高度，详细的文本推敲是多余的。《二律背反》更加贴近《狱中札记》，焦点更集中：霸权／领导权（hegemony）的作用以及它与葛兰西设定的任务之间的相互联系，即发展出在西方进行革命的策略，这势必不同于俄国革命成功的经验。本书主张，为此，仅仅对他的观念进行文本内部重构是不够的，它们必须置于当时国际革命运动内外激烈辩论的格局中，而这以前从未被关注过。本书没有声称这一探究路径穷尽了葛兰西在智识或政治上的重要性。他关于政治、民族、知识分子、消极革命等更大的概念——这些主题霍布斯鲍姆都触及过——以及美国主义（Americanism）和福特主义，更不用说哲学、常识、大众文化等等，都超出了这本小书的范围，但这种缺失无可指责。排除如何稳定一个后革命政权（postrevolutionary regime）的问题是另一回事。那样无疑从根本上删减了葛兰西对霸权／领导权的理解和关注。在伦敦，霍布斯鲍姆说："我们在这里讨论的是两组不同的问题：战略和社会主义社会的性质。葛兰西试图同时认真处理两者，尽管在我看来，一些（在佛罗伦萨，他补充说"国外的"）评论人士似乎过度关注其中一个，即'战略'。"[1] 鉴于当时对葛兰西的战略思想缺乏任何严肃的批判性分

19

---

[1] 伦敦版，第208页；*How to Change the World*, pp. 320–321，其中有一处直接引用了我的论述，提醒读者共产国际辩论对葛兰西的启发；另一处批评我对阵地战观点的处理，在他再版的谈话中删掉。尽管对《二律背反》有所保留——抛开政治分歧不谈，细致的文本分析并不是他的嗜好——他并不排斥将文本分析的方法应用于自己的作品。多年后，谈到我写的一篇关于他的自传和四部曲的文章，他笑着说："你解构了我，就像解构葛兰西一样"。

析，很难说什么叫过度。不过，《二律背反》的关注点仍然是片面的，而且一直如此。霍布斯鲍姆含蓄的批评是有道理的，他提醒，后革命问题对葛兰西来说具有中心地位，这是必要的纠正。在意大利，当本书内容见刊时，塞巴斯蒂亚诺·廷帕纳罗（Sebastiano Timpanaro）对我作出了同样的评论。

因此，我对葛兰西《狱中札记》处理"推翻"（Niederwerfung）问题时明显随意的态度所给出的解释——鉴于"推翻"（overthrow）原则对第三国际以及其中一个他曾经领导的支队的形成具有核心作用，于是他视"推翻"原则为理所当然，而且在监狱审查员的眼皮子底下也无法详细阐述——是不够的。尽管葛兰西认为推翻资本主义国家是必不可少的，并且提出了相当经典的设想，但他认为，某种意义上，在夺取政权之前建立一个革命集团，以及在夺取政权之后巩固新生的共产主义秩序，都是更艰巨、更深刻的任务。从很早开始，他似乎就已经形成了这种信念。部分源于 1919 年匈牙利和巴伐利亚公社政权的迅速瓦解，这使他思考，破坏旧秩序显然比有效地建设新秩序容易得多；部分源于他鄙视意大利最高纲领派（Maximalists）的煽动性修辞，"他们的言论中三句话不离'暴力'"，以为那样很革命；① 当然，后来，更重要的是因为他关心"斯美奇卡"（smychka），即俄国工农联盟的命运，以及更一般

20

---

① "La guerra è la guerra," *Socialismo e fascismo. L'Ordine Nuovo 1921—1922*, Turin 1966, p. 58.

意义上说，关心列宁逝世后苏联共产党的统治采取的方向。为了防范这些危险，霸权／领导权原则成为能够跨越相反的社会秩序和政治体制之间的鸿沟，统一革命进程的结缔组织。

在那里，我忽视了杰拉塔纳在 70 年代观察到的情况，他是党内唯一一个观察到的人。迫于意大利社会党组织的《世界工人》研讨会的压力，意共于 1977 年初组织了自己的葛兰西研讨会，他贡献了会上唯一杰出的文章，修改版随后又收入佛罗伦萨会议的论文集。十年后，该文被提炼成现今所知对葛兰西霸权／领导权概念最精妙的研究，从文本上说比霍布斯鲍姆的文章更贴近葛兰西。① 杰拉塔纳将《狱中札记》中的两段话联系起来，指出可以在其中发现资产阶级和无产阶级霸权／领导权的结构性区别，而我先前认为葛兰西没有作出这种区分。第一段，葛兰西不仅阐明了他著名的支配（domination）与指导（direction）的区分，一个针对对手，另一个针对盟友，第二个甚至可能先于第一个。他举了意大利复兴运动（Risorgimento）中温和派对行动党（Action Party）的领导权的例子，接着评论说，在意大利完成统一后，温和派继续行使领导权，它在议会中的表现形式是转型主义（trasformismo）——"即采取各种不同功效的方法，逐渐且持续地吸收盟友甚至那些势不两立的敌

---

① 出处分别是："Stato, partito, strumenti e istituti dell'egemonia nei 'Quaderni del carcere'," in *Egemonia Stato partito in Gramsci*, pp. 37–53; "Gramsci come pensatore rivoluzionario," in *Politica e Storia in Gramsci*, II, pp. 69–99, 以及 "Le forme dell'egemonia" in Gramsci. *Problemi di metodo*, pp. 119–126。

人中的活跃分子"，以此"发展出一个更广泛的统治阶级。在这个意义上，只要吸收敌人中的精英分子就能在很长一段时间里将这个群体斩首和歼灭，政治指导就能成为支配功能的一个方面"。① 换言之，资产阶级的霸权／领导权越出了盟友，延伸到了对手，指导融入了支配。

无产阶级能否复制这种权力形态呢？杰拉塔纳认为不能，葛兰西在别处指出了原因。资产阶级意识形态的目的，是通过制造阶级调和的表象，掩盖整个资本社会（society of capital）赖以生存的剥削，他们需要欺骗。相反，马克思主义恰恰揭露了资产阶级文明赖以生存的资本和劳动之间的矛盾，并要求两者的真相大白。因为它"不是统治阶级借以达成共识并对下层阶级行使霸权的统治工具"，而是"这些下层阶级心声的表达，他们希望在治理技艺方面进行自我教育，他们的兴趣／利益是知道全部真相，哪怕这些真相很残酷，而且不仅要避免上层阶级的（不可能的）欺骗，更要避免任何自我欺骗"。② 这是一个根本的区别。既定秩序（established order）理所当然地认为，"说谎是不可或缺的政治技艺，是隐藏自己的真实观点和目标，释放与自己的真实想法相反的信号的精明能力"，但"在大众政治中，说真话恰恰是一种政治必要性（political necessity）"，因此这两种霸权／领导权形式所依赖的同意类型完全相反：一种

---

① *Quaderni del carcere*, III, p. 2011.
② *Quaderni del carcere*, II, p. 1319.

是"被动和间接"的服从（subordination），另一种是"直接和主动的参与"（participation）。①

这些段落中蕴含的差异实际上是道义论上的（deontological）差异，用葛兰西偶尔使用的克罗齐的话说，是伦理—政治上的（ethico-political）差异。它们探讨的是工人阶级的领导权应该是什么样的（should be），而没有提出根据现实的历史估计它实际可能是什么样的（could be）经验问题。葛兰西在都灵的工厂委员会时代给出了一个答案，当时他的文章题为《新秩序》（L'Ordine Nuovo）并非空穴来风。对无产阶级领导权的考验是，将经理和资本家驱逐出工厂以后，不仅要占领工厂，而且要经营工厂，释放更优越的生产力的能力。《两场革命》写于1920年7月，正处于那年4月和9月意大利北部劳工起义的两次高峰之间，文章明确指出：如果德国、奥地利、巴伐利亚、乌克兰和匈牙利的革命都失败了，那是因为"外部条件的存在——共产党、资产阶级国家的毁灭、高度组织化的工会和武装起来的无产阶级——不足以弥补另一个条件的缺失"——"无产阶级群众为自己的政治权力赋予经济权力的自觉运动，以及把无产阶级秩序引入工厂，使工厂成为新国家的核心的决心"。②

23

---

① *Quaderni del carcere*, II, pp. 699–700, III, p. 1771.

② "Due rivoluzioni," in *L'Ordine Nuovo 1919—1920*, Turin 1987, pp. 569–571.——对他的整体思想来说是一个奠基性的文本。

在《狱中札记》中，葛兰西继续表达了一种信念，即无产阶级的领导权（hegemony）必须扎根于生产，但他的领导权概念的重点已经转移。领导权，现在反复与上层建筑联系在一起，尤其成为一个文化优势（cultural ascendancy）问题。工人阶级有希望像资产阶级那样，在夺取政权之前就掌握文化优势吗？意大利以及其他地方对葛兰西的标准解读，认为他的意思就是这样。确实，他的许多札记都为这种解读留下了开放空间，这也是我对它们的批评。但他的笔记含有相反的暗示，我注意到其中最重要的一个例子，是与它们的写作形式密不可分的差异，即便这放在他评论的总体方向中显得很怪异。同一个副词两次提供了必要的纠正："即便在奋起反抗的时候，下层群体也总是经受着统治群体的主动权（initiative）：只有'永久'的胜利才能打破他们的从属地位，但也不是立刻（immediately）打破"——"只有在创建国家之后，文化问题的全部复杂性才会展现出来，并趋向于形成一个连贯的解决方案"。①

杰拉塔纳是 1977 年意共内部一位有力的针对萨尔瓦多里的批评者，他毫不掩饰他与那些呼吁"超越"领导权的党内要人的分歧，坚决主张需要继续忠于"具有普遍性的社会变革的一

① *Quaderni del carcere*, III, pp. 2283–2284, p. 1863. 我在《二律背反》中提醒大家注意的段落，将苏维埃俄国的"国家崇拜"（statolatry）归因于无产阶级"在夺取政权之前，缺乏长时间独立的文化和道德发展，不足以建立自己的市民社会"。见下文，第 78，93 页。

般计划",而不是单纯"自我满足"的改良主义。[①] 他提醒佛罗伦萨会议上那些已经忘记这一点的人,葛兰西是一位革命思想家。1987 年,在苏联解体前夕,他在莫斯科发表了自己对霸权 /领导权的最后思考。

*

自那以后,葛兰西一生思考的孪生问题——战胜资本主义,建设社会主义——已经从视野中消失。生产力没有冲破生产关系;劳工运动成了过去的影子;无论哀悼还是咒骂,十月革命都已经是遥远的回忆。

《二律背反》发表的时候——对霍布斯鲍姆或杰拉塔纳以及我本人来说都是如此——我们正在写的是一个不同的时代:法国刚刚爆发了历史上最大规模的罢工,英国工人起而推翻政府,意大利持续爆发起义,美国败走越南以及葡萄牙发生革命。对社会剧变的希望和恐惧仍然真切,激起了华盛顿和波恩的警惕。这就是卢卡奇在 1923 年致列宁的颂词中所说的革命的现实的最后时刻。《二律背反》和霍布斯鲍姆的反驳中都提到了葡萄牙。看了我的文章以后,正如我在其他地方写的,佛朗哥·莫雷蒂(Franco Moretti)告诉我,这是对革命马克思主义传统的恰当告

25

---

① 参见 *Egemonia e democrazia* 结尾他的文章,第 211、216 页。

别。① 我当时并不是那样想的，但时间站在他那边，一直都在。

是他的一个同辈人，那些年还是他朋友的加利·德拉·洛贾在 1976—1977 年比任何人都更加清楚地看到了未来的发展。他评论说，虽然他们对葛兰西的描述截然相反，但在萨尔瓦多里引发的辩论中，双方都错过了他的真正意义，没有理解他的霸权/领导权（hegemony）概念不仅仅是一个政治范畴，同时也是一个时代（epochal）范畴。它指明了整个社会的世界观（Weltanschauung），正如黑格尔设想的那样，从一个时代的精神更迭到下一个时代，典范就是现代欧洲资产阶级社会全盛时期包罗万象的意识形态。葛兰西曾认为，它会被一个足以媲美的世界观——"实践哲学"（philosophy of praxis）——取代。

但是，工业资本主义孕育的社会没有这种意识形态的容身之地。工业资本主义社会的霸权无需这些意识形态；它存在于一系列生活方式、行为、要求、需求中，其起源和终点都在商品世界中——它们的生产、消费和分配。大众工业民主没有精神气质（ethos），没有指导思想，不关心个人的内心生活，这些被交付给市场和无意识。葛兰西如此重视的知识分子要么完全脱离了这个宇宙，要么完全沉浸在其中，高雅文化（high culture）和低俗文化（low culture）的载体无法再形成任何综合。它的基本价值是宽容，换句话说就是冷漠。因为意大利在

---

① *A Zone of Engagement*, London-New York 1992, p. xi.

葛兰西时代还是一个相对落后的资本主义社会，他或许认为黑格尔式的愿景可能会继续下去。他太意大利了，太南方了，以至于无法理解"他的"克罗齐、"他的"梵蒂冈、"他的"农民、"他的"知识分子——他心目中所有民族的标配（national furniture）——即将消失。新的霸权将在力量上媲美历史上任何一个霸权。但这将是人类学意义上的，而不是意识形态上的。它稳定吗？基于个人的欲望，它只会导致尖锐的个体性（individuality）危机，其症状已经可以在学校和家庭中发现。博比奥是对的：民主是一条没人知道通向何方的道路。但假装什么都没有改变是荒谬的。①

这一判断的夸大其词本身就足够意识形态化了，但它无可争辩地捕捉到了将在几年内出现并且仍然存在于我们身边的后现代资本景观的特征。正如加利·德拉·洛贾所见，下文探索的激情四射的思想和争论的世界属于另一个时代。当然，过去所有重要的政治辩论都是如此，只要进行历史探究多多少少都会有所收获。这个特定的过去在多大程度上只有考古而不是当代的意义，就不那么清楚了。如果说资本在西方送别了任何革命的前景，那么一段时间以来，它也熄灭了革命的那些传统上的替代品。自从 80 年代以来，"改革"通常意味着引入不是更

---

① "Le ceneri di Gramsci," *Egemonia e democrazia*, pp. 69–91，题目来自帕索里尼（Pasolini）1957 年的诗。今天，作者是《晚邮报》（*Corriere della Sera*）的一位主要的社论作家。

温和而是更严酷的资本主义，不是更少而是更无情的剥削和忽视。在新自由主义的倒置中，写下了社会民主主义最近的命运。从世界历史的角度看，它产生的影响并不大。归因于它的福利国家既存在于那些它从未得势的国家——日本、瑞士、爱尔兰、加拿大，甚至美国——以及那些它拥有显著势力的国家。在有利的条件下，它在斯堪的纳维亚半岛产生了一组比资产阶级中等规模的社会（bourgeois median）文明得多的小社会，即便这些小社会现在也受到侵蚀。曾经是改良主义的社会民主主义，它的资产负债表不能说微不足道，但也只能说不温不火。至于革命传统，就不能这么说了。欧洲在很大程度上是由红军从纳粹主义手中拯救出来的，而今天的中国在增长和实力方面的规模比苏联以往任何时候都更突出。共产主义履历的暴力和灾难，更不用说反讽和逆转，是显而易见的。但它以第二国际从未做到过的方式改变了世界，这一点同样显而易见。并非巧合的是，对那些对思想感兴趣的人来说，它的思想遗产要丰富得多。葛兰西本身就足以证明这一点。

27

*

《葛兰西的二律背反》与姊妹篇《原霸》(*The H-Word*) 一同发表，正如我在那里解释过的，后者发端于前者。两者有一定的重叠，本书的一些发现在它的姊妹篇中会简单重复，敬请读者谅解。为了可读性，我已经减轻了文本中的一些多余的语言包袱或者说那个时期的修辞，尽管不是全部，但除此之外保持原样，论点不变。在附录中，我首次用英文收录了葛兰西的狱友阿托斯·利萨写的关于葛兰西在狱中情况的报告，没有这份报告，就不可能对他当时的政治观点进行真实的描述。最后，我应该提一下某种意义上可以视为续集的《葛兰西的继承人们》（The Heirs of Gramsci），发表在《新左派评论》第二辑第100期，而《葛兰西的二律背反》发表在《新左派评论》第一辑第100期。本序言引用了该文开头的段落，其余的都可以在《原霸》中找到，除了它的结论。

28   2016 年 10 月

一、改动

本书的目的是对葛兰西《狱中札记》中的 hegemony 概念进行语文学分析。葛兰西的 hegemony 概念来自十月革命之前俄国社会民主工党内部关于无产阶级在反对沙皇封建统治的革命中的角色和地位问题的辩论：无产阶级到底应该承认资产阶级对革命的领导权，还是应该争取无产阶级对革命的领导权？葛兰西的过人之处在于，将诞生于俄国语境中的 hegemony 概念转而用于分析西欧议会制资本主义国家资产阶级权力的结构以及无产阶级推翻资产阶级统治的革命策略。葛兰西的分析有两对关键概念：国家与市民社会，同意与强制。

自经典时代之后，没有哪位马克思主义思想家像安东尼奥·葛兰西那样在西方受到如此普遍的尊敬。也没有哪个词像hegemony那样获得左派如此自由或多样化的引用，是他使这个词如此流行。60年代早期，葛兰西的名声仍然局限于他的家乡意大利，在意大利以外的地方则十分边缘。十年后，葛兰西获得了世界范围的声望。在他的札记首次出版三十年后，他在监狱中的事业终于收获了充分的敬意。缺乏知识或讨论已经不再是他的思想传播的障碍。原则上，每一个革命的社会主义者，尤其在西方但又不仅仅在西方，今后都可以从葛兰西的遗产中受益。然而与此同时，至今还没有任何对葛兰西作品的深度探究能匹配他广为流传的声望。即便左翼那些最尖锐对立的群体也广泛诉诸他的权威，表明对他思想的精细研究或理解仍然存在局限性。如此整齐划一的钦佩的代价必然是模糊性：对《狱中札记》主题的多重且互不相容的阐释。

　　当然，这完全情有可原。由于特殊的写作条件，没有哪部马克思主义著作如此难以准确和系统地阅读。首先，葛兰西经历了所有原创理论家通常都要经历的命运：必须运用那些为不同目的和时代而设计的旧词汇，去建构全新的观念，而这又会掩盖与偏折它们的意思。马克思和列宁也无法逃避这样的命运。正如马克思不得不运用黑格尔和斯密的语言去思考自己的创新之处，列宁不得不运用普列汉诺夫和考茨基的语言去思考自己的创新之处，葛兰西也经常不得不在克罗齐和马基雅维利提供的陈旧且不足的语言装置内生产自己的观念。然而，这个熟悉的问题，因为葛兰西在监狱中写作而变得更加复杂，不仅条件恶劣，而且有法西斯审查员仔细审查他写的所有东西。承袭语言（inherited language）经常强加给先驱者的无意识伪装（involuntary disguise），还要再叠加上葛兰西为了规避狱卒而设置的有意识伪装。结果，葛兰西的作品经受了双重审查：它的留白、省略、矛盾、无序、暗示、重复，都是这种独特的不利写作过程的产物。这些秘密符号中隐藏的秩序仍然有待重建，这项艰难的事业才刚刚开始。要发现葛兰西在他思想的那些真正的、被涂抹掉的文本中到底写了什么内容，需要进行系统的修复工作。有必要警告一下任何对葛兰西的轻率或自满的解读：他在很大程度上仍然是一个我们并不了解的作家。

　　然而，现在迫切需要再次严肃和有比较地审视葛兰西最著

名的文本。因为西欧的大规模群众性共产党——在意大利，在
法国，在西班牙——正处于史无前例的历史关头：在资产阶级
民主国家的框架内担任政府职务，而不是忠于超越它们的"无
产阶级专政"视野，这曾经是第三国际的试金石。如果说在
"欧洲共产主义"的新视角中，有哪个政治谱系获得了比任何其
他政治谱系更广泛、更持久的援引，那就是葛兰西。不必相信
任何关于近期未来的末日愿景，就能感受到对整个西欧工人阶
级即将到来的历史考验的重大意义。目前的政治形势要求对葛
兰西作品中的主题进行严肃和负责任的澄清，这些主题现在通
常与拉丁共产主义（Latin communism）的新设计联系在一起。

与此同时，葛兰西的影响力当然也绝不限于那些存在大的
共产党，随时准备进入政府的国家。事实上，近些年英国左翼
的理论和历史著作中特别明显地采用了《狱中札记》中的观
念，而美国左翼在较小程度上也是如此。在盎格鲁-撒克逊政治
文化中突然出现的广泛借鉴葛兰西的现象，提供了第二个更具
地方性的激励，以重新审视他的遗产。因为《新左派评论》是
英国第一本——可能也是意大利以外的第一本——深思熟虑并
系统地利用葛兰西的理论准则来分析本民族的社会（national
society），并讨论变革本民族社会的政治战略的社会主义期刊。
那些试图实现这一计划的文章发表于1964—1965年。[1]当时，

① 参见 Tom Nairn, "The British Political Elite," *New Left Review* 23, January–February
1964; Perry Anderson, "Origins of the Present Crisis," ibid.; Nairn, "The（转下页）

葛兰西的作品在英国还鲜为人知，这些文章普遍遭到异议。[1] 到1973—1975 年，关于葛兰西的主题以及类似的理念已经无处不在。尤其是"hegemony"这一核心概念，最初被用作 60 年代早期《新左派评论》文章的主旨，此后时来运转，历史学家、文学评论家、哲学家、经济学家和政治学家越来越频繁地使用它。[2] 然而，在大量的用法和暗示中，对葛兰西发展他的霸权 / 领导权（hegemony）理论的实际文本的考察却相对较少。现在是时候对这些文本进行更直接和严密的反思了。

因此，本书的目的是分析葛兰西《狱中札记》中 hegemony 概念的形式与功能，并评估它们作为一个统一话语的内部连贯性；考察它们对西方资产阶级民主国家阶级权力的典型结构的解释的有效性；最后，衡量它们对工人阶级争取解放和实现社

（接上页）English Working Class," *New Left Review* 24, March–April 1964; Nairn, "The Nature of the Labour Party," *New Left Review* 27 and 28, September–October and November–December 1964; Anderson, "The Left in the Fifties," *New Left Review* 29, January–February 1965; Nairn, "Labour Imperialism," *New Left Review* 32, July–August 1965. 这些早期文章关于英国历史和社会的论述后来得到了进一步发展，包括：Anderson, "Socialism and Pseudo-Empiricism," *New Left Review* 35, January–February 1966; Anderson, "Components of the National Culture," *New Left Review* 50, July–August 1968; Nairn, "The Fateful Meridian," *New Left Review* 60, March–April 1970。

[1] 主要的回应是爱德华·汤普森（Edward Thompson）的著名文章, "The Peculiarities of the English," *The Socialist Register* 1965。这篇文章的批评意见大概赢得了英国左翼的普遍赞同。

[2] 在最近的作品中，最值得关注的创造性地运用葛兰西概念的例子是：Eric Hobsbawm, *The Age of Capital*, London 1975, pp. 249–250; Edward Thompson, *Whigs and Hunters*, London 1975, pp. 262, 269; Raymond Williams, "Base and Superstructure," *NLR* 82, November–December 1973—reworked in *Marxism and Literature*, London 1977; Eugene Genovese, *Roll, Jordan Roll*, New York 1974, pp. 25–28。

会主义的战略意义。它的程序必然主要是语文学的：试图更精确地确定葛兰西被囚禁期间到底说了什么，意思是什么；定位他话语中语词的来源；并重构他的作品镶嵌于其中的同时代人反对和呼应的思想网络——换言之，他的作品真正的理论语境。本书主张，这些形式上的（formal）探究是任何对葛兰西霸权 / 领导权（hegemony）理论进行实质评判必不可少的条件。

　　我们可以首先回顾《狱中札记》最著名的段落——葛兰西对比"东方"和"西方"的政治结构以及它们各自革命策略的大名鼎鼎的片段。这些文本代表了葛兰西理论宇宙中关键术语的最有说服力的综合（synthesis），在《札记》其他地方，这些术语既分散又零碎。它们没有直接提出霸权 / 领导权问题。然而，它们将所有必要的元素组合起来，使其在他的话语中占据了支配地位。两条核心笔记分别关注在俄国和西欧"国家"与"市民社会"的关系问题，① 都运用了同样的军事比喻。

　　在第一段中，葛兰西讨论了第一次世界大战中各国统帅部

---

① 本书所有引用的葛兰西作品都出自瓦伦蒂诺·杰拉塔纳编辑的评述版（Antonio Gramsci, *Quaderni del Carcere*, Turin 1975, I–IV）。第 I–III 卷第一次按照写作的时间顺序，完整和精确地呈现了葛兰西札记的文本；第 IV 卷包含由杰拉塔纳精心汇编的评论和注释，令人钦佩。整个版本是学术严谨和清晰的典范。本书引用的全部葛兰西文本也包含在昆汀·霍尔和杰弗里·诺威尔-史密斯编辑的《狱中札记》英文选集中（*Selections from the Prison Notebooks*, London 1971）。我也注明了引用的葛兰西文本在英文节选中的出处。本书的英文翻译基本来自英文节选，偶尔会有修改。英语编辑为葛兰西的外国读者提供了迄今为止最好的信息工具。本书凡是引用杰拉塔纳评述版和英文节选本，将分别缩写为 *QC* 和 *SPN*。

的对抗战略，并得出结论认为，它们为战后的阶级政治提供了关键的教训：

    克拉斯诺夫（Krasnov）将军（在他的小说中）断言协约国不希望帝制俄国获胜，因为他们担心东方问题肯定会以有利于沙皇的方式解决，所以责令俄国总参谋部采取堑壕战（荒谬，考虑到从波罗的海到黑海的战线极为漫长，有大片沼泽和森林地带），然而唯一可行的策略是运动战（war of manoeuvre）。这种断言纯属无稽之谈。事实上，俄国军队确实计划开展运动战，发动突然袭击，尤其在奥地利战区（还有东普鲁士），并赢得了辉煌的胜利，无奈却昙花一现。真相是，人们无法随意选择自己想要的战争形式，除非一方从一开始就具备对敌人的压倒性优势。众所周知，总参谋部顽固地不肯承认是冲突各方的总体力量关系"迫使"采用阵地战（war of position），造成了多么大的损失。实际上，阵地战不仅仅由真实的堑壕组成，还包括部队阵地后方全部领土上的组织体系和工业体系。尤其是，阵地战是由火炮、机关枪和步枪的迅猛火力，能够集中到一个特定地点的武装力量，以及在敌人突破或撤退后，迅速补充物资损失的充裕后勤补给决定的。另一个因素是广大的武装群众；他们的战斗力参差不齐，只能作为一种群体力量运用。可以看到，在东线战场，入侵奥地利战区是一回事，入侵德国战区又是另一回事；甚至在奥地利战区，如果有德国精锐部队支援，并由德国人指挥，入侵战术最终也一败涂地。1920年的波兰战役同样如此；表面上看起来无法阻挡的进军，却被魏刚（Weygand）将军和法国军官指挥的阵线阻挡在华沙城下。那些信奉阵地战的军事专家，先前却信奉运动战，自然不会主张后者应当从军事科学中清除出去。他们只不过主张，在工业和社会比较先进的国家之间的战争中，运动战的功能更多降低为战术功能，而不是战略功能，就好比先前包围战（siege warfare）相对于运动战的地位。在政治的技艺与科学中，也应该实现同样的降低（reduction），至少在先进国家，"市民社会"已经演变成非常复杂的结构，可以抵御直接经济因素（如危机、萧条等等）的灾难性"侵袭"。市民社会的上层建筑就像现代战争的堑壕体系。在战争中，猛烈的炮火有时看似摧毁了敌人的整个防御体系，其实只不过摧毁了他们的外层表面；等到进军和攻击的时刻，进攻者才发觉自己仍然面临着有效的防线。在大规模经济危机期间，政治同样如此。一次危机，并不能赋予攻击势力在时间和空间上以闪电般的速度组织起来的能力；更不能赋予他们战斗精神。同样，防御者没有丧失士气，也不会放弃阵地，甚至在一片废墟中，也不会对自身的战斗力和未来失去信心。当然，事情不会一成

不变；但可以肯定的是，人们不会看到政治卡多尔纳主义
（political Cadornism）战略家预期的速度、加速流逝的时
间、决定性的进军等要素。这种事件最后一次在政治史上
发生是 1917 年的诸多事件，它们标志着政治技艺与科学
史的决定性转折点。①

在第二段文本中，葛兰西通过对比俄国与西欧这两个
地理政治剧场中国家与市民社会的关系，提出了俄国革命
路线与在西方进行社会主义革命的正确战略的对立命题
（counterposition）：

值得探讨的是，托洛茨基著名的不断运动理论是否属
于……一国总体经济—文化—社会条件的政治反映，该国
的民族生活尚处于胚胎和松散状态，无力发展成"堑壕"
或"堡垒"。在这种情况下，或许可以说：托洛茨基表面上
看起来很"西方"，实际上却是一个世界主义者——也就是
说，他的西方特征和欧洲特征仅限于表面。另一方面，列
宁却既是一个深刻的民族主义者，也是一个深刻的欧洲主
义者……在我看来，列宁明白，必须把 1917 年在东方成功
运用过的运动战改变为在西方唯一可行的阵地战——正如

①   *QC* III, pp. 1614–1616; *SPN*, pp. 234–235.

克拉斯诺夫所说，在西方，军队可以快速集中无数的弹药，而且社会结构本身也能够改造成全副武装的堡垒。这就是我理解的"统一战线"（united front）方案的含义，它符合协约国在福煦统一指挥下的"单一战线"（single front）观念。然而，列宁无暇展开自己的方案，尽管我们应当记住，即便展开，他也只能从理论上展开解释，而根本的任务是全国性的；也就是说，它要求侦察地形，识别出市民社会中那些可以起到堑壕和堡垒作用的元素等等。在东方，国家就是一切，市民社会尚处于原始和混沌（gelatinous）状态；在西方，国家与市民社会之间存在恰当的关系，国家一旦动摇，市民社会的坚固结构立刻就会显露。国家不过是外层的壕沟，它背后是一个强大的堡垒和工事系统：不用说，各个国家的数量有别——但这恰好说明对每个国家都必须进行精确的侦察。①

这两个极度压缩和密集的段落有一系列令人难忘的主题，这些主题在《札记》的其他片段中也得到了呼应。眼下，我们的意图不是重构和探究这两个段落或者将它们与葛兰西的整体思想联系起来。在一系列对立中，罗列出构成它们的主要元素就足够了：

---

① *QC* II, pp. 865–866; *SPN*, pp. 236–238.

	东方	西方
市民社会	原始 / 混沌	发达 / 坚固
国家	主导	平衡
策略	运动	阵地
节奏	迅速	持久

　　虽然文本中没有给出每一组对立术语的任何精确的定义，但两组术语之间的关系乍一看足够清晰和连贯。然而，仔细一看会立刻发现某些出入。首先，经济被描述成一种"侵入"西方市民社会的基本力量，言下之意显然是经济位于市民社会之外。不过，自黑格尔以来，"市民社会"一词的通常用法基本上是将经济领域作为物质需求领域包括在内，马克思和恩格斯也一直是在这个意义上使用它的。相反，这里似乎排除了经济关系。同时，第二段笔记对比了国家是"一切"的东方与国家和市民社会处于"恰当"关系中的西方。可以假定，葛兰西的意思是某种"平衡"的关系，这样理解并不牵强附会。在大约一年前写的一封信中，他提到了"政治社会与市民社会的平衡"，他说的政治社会指的是国家。[①] 然而，文本接着说，在西方的阵地战中，国家只是市民社会的"外层壕沟"，可以阻止市民社会被摧毁。市民社会由此成为中央核心或内部堡垒，而国家只是其外部和可有可无的表面。这是否符合两者之间"平衡关系"

---

① 　*Lettere dal Carcere*, Turin 1965, p. 481.

的形象？在这里，东西方国家与市民社会之间两种关系的对比变成了一种简单的倒置——不再是一边倒（preponderance）与均衡，而是一种一边倒与另一种一边倒。

当我们意识到，虽然这些片段形式上的批评对象是托洛茨基和卢森堡，但它们的真正目标可能是共产国际第三时期（Third Period）时，对这些片段的准确解读变得更加复杂。这一点，我们可以从它们的写作日期——大约在《札记》中1930年到1932年之间的某个时间——以及公开提到了1929年大萧条——第三时期的许多"社会法西斯主义"（social-fascism）宗派概念都是在此基础上提出的——推测出来。葛兰西在监狱中坚决反对这些想法，为此重新挪用了共产国际在1921年列宁还在世时开出的政治处方，即在反对资本的斗争中，与所有其他工人阶级政党保持战术上的团结，当时他本人与意大利共产党几乎所有重要领导人都拒绝了。由此，在一篇似乎谈论完全不同的辩论的文本中，"错位"地提到了统一战线。

将这些片段与《札记》另一段关键文本进行比较，会发现更多难题。葛兰西多次提到"不断革命"（Permanent Revolution）的主题。他提到"不断革命"的另一个主要段落是这样的：

> 所谓"不断革命"的政治概念产生于1848年以前，科学地表达了雅各宾派从1789年到热月不断演变的经验，它属于一个大型群众性政党和经济工会尚不存在的历史时期，

38

而且可以说，社会从许多方面看仍处于流变状态。农村更为落后；几个甚至一个城市（法国的巴黎就是如此）几乎完全垄断了政治或国家权力；国家机器相对原始，市民社会相对于国家活动具有较大的自主性；军事力量和国家武装力量的特定体系；国民经济相对于世界市场的经济关系拥有较大的自主性等等。1870年之后，由于欧洲的殖民扩张，所有这些因素都发生了变化。国家内部和国际之间的组织关系变得越发复杂和庞大。在政治科学中，1848年的"不断革命"公式被"市民霸权"（civil hegemony）公式进一步扩展并代替。政治艺术也发生了与军事艺术同样的变化：机动战（war of movement）日益变成阵地战，而且可以说，如果一个国家在和平时期时刻技术严密地准备战争，就能赢得战争。现代民主制的庞大结构，无论是国家组织，还是市民社会的各种结社组织，在政治艺术中恰如阵地战中的"堑壕"和永久堡垒。它们使曾经构成战争"全部"的机动（movement），降为只不过是战争的"局部"（partial）。这个问题只有现代国家才存在，落后国家或殖民地则不然，因为在那里，在其他地方已经被取代的过时形态依然充满活力。①

---

① *QC* III, pp. 1566–1567; *SPN*, pp. 242–243.

这里，前两个片段的术语被重新组合成一种新的秩序，它们的含义似乎也相应地发生了转变。现在，"不断革命"显然是指马克思的《1850年告共产主义者同盟书》，当时他主张从刚刚席卷欧洲的资产阶级革命升级为无产阶级革命。公社标志着这种希望的破灭。从此，阵地战取代了不断革命。东方/西方的区分以"现代民主国家"与依然盛行机动战的"落后社会和殖民地社会"的划分形式重新出现。这种语境的变化对应着"国家"与"市民社会"之间关系的转变。在1848年，国家是"原始的"，市民社会是"自主的"。1870年以后，国家内部和国际之间的组织变得"复杂和庞大"，市民社会也相应发展了。现在，霸权的概念出现了，因为必要的新战略正是"市民霸权"战略。后者的含义在这里并没有给出解释；不过，它显然与"阵地战"有关。第三个片段最引人注目的地方是，它强调了西方国家从19世纪晚期以来的大规模扩张，附带提及了市民社会的同步发展。这些术语没有明确的颠倒，但段落的语境和权重实际上暗示国家获得了新的优势。

实际上，在葛兰西的文本中不难发现马克思对法国波拿巴主义国家"庞大的寄生机器"这一著名谴责的回响。他的历史分期与马克思的分期略有不同，因为他将变化追溯到梯也尔的胜利，而不是路易·拿破仑的胜利，但他的主题仍然是《雾月十八日》和《法兰西内战》的主题。在前者中，人们会记住，马克思写道："只有在第二个波拿巴的统治下，国家才似乎获得了完全自主的地位。相比市民社会，国家机器建立了如此牢固的地位，以至于它唯一需要的领导者就是十二月十日会的头目……国家纠缠、控制、管理、监督和编组市民社会，从最包罗万象的生活表达，直至最微不足道的动作，从最普遍的存在方式，直至个人的私人生活。"① 葛兰西倒没有提出如此极端的主张。不过，撇开马克思叙述的修辞不谈，葛兰西文本的逻辑也倾向同样的方向，因为它清楚地暗示，市民社会已经失去了它曾经拥有的面对国家的"自主性"。

因此，仅在这些最初的文本中，西方的国家在至少三个不同的"位置"之间波动：它与市民社会处于一种"平衡关系"，它只是市民社会的"外层表面"，它是取消市民社会自主性的"庞大结构"。此外，这些波动只涉及语词之间的关系，但这些语词本身的边界和位置也同样会发生突然移动。在以上所有引文中，对立双方是"国家"与"市民社会"。但在其他地方，葛兰西说国家本身包含市民社会，定义如下："国家的一般概念包含了需要回溯到市民社会概念的某些要素（在这个意义上可以说，国家 = 政治社会 + 市民社会，换句话说，披上了强制［coercion］盔甲的霸权 / 领导权［hegemony］）。"② 这里保留了"政治社会"和"市民社会"之间的区分，而"国家"一词包含了两者。然而，在其他段落中，葛兰西走得更远，直接拒绝政

---

① Karl Marx, *Surveys from Exile*, London 1973, pp. 238, 186.

② *QC* II, pp. 763–764; *SPN*, p. 263.

治社会和市民社会之间的任何对立，认为这是自由主义意识形态的混淆。"自由贸易运动的思想建立在一个理论错误的基础上，其实际源头不难确定；它们建立在政治社会和市民社会之间的区分之上，这种区分被塑造并呈现为一种有机的区分，而实际上它只是方法论的区分。于是，有人断言经济活动属于市民社会，国家不得干预、监管。但由于在现实中，市民社会和国家是一体的，因此必须明确，自由放任（laissez-faire）也是一种由立法和强制手段引入并维持的国家'监管'形式。"① 这里，政治社会是国家的同义词，否定了两者之间的任何实质性分离。很明显，发生了另一种语义上的移位。换句话说，国家本身在三个定义之间摇摆不定：

国家	相对于	市民社会
国家	包含	市民社会
国家	等同于	市民社会

因此，语词本身以及它们之间的关系都会发生突然的变异或突变。我们将会看到，这些变动不是任意的或偶然的，它们在葛兰西作品的架构中具有确定的意义。不过，眼下不必进行详细阐述。

因为葛兰西的话语还有一个更进一步的概念，它与这些文本的问题意识密切相关。那个概念当然就是 hegemony。应该记

---

① *QC* III, pp. 1589–1590; *SPN*, p. 160.

住，这个词出现在第三段中，作为一种取代了早期时代"运动战"战略的"阵地战"战略。这种运动战被视为等同于马克思1848 年的"不断革命"。在第二个文本中，这种等同再次出现，但这里指涉的是 20 世纪 20 年代的托洛茨基。现在，"阵地战"被归因于列宁，等同于统一战线思想。于是有了一个闭环：

市民霸权 = 阵地战 = 统一战线

那么，下一个问题自然是葛兰西所说的阵地战或市民霸权到底是什么意思。到目前为止，我们一直关注那些祖系比较熟悉的术语。"国家"和"市民社会"的概念分别可以追溯到文艺复兴和启蒙运动，没什么特别的问题。无论它们的用法如何多样，它们长期以来一直构成了左翼共同政治用语的一部分。Hegemony 一词则不像这样流行。事实上，葛兰西《狱中札记》中的 hegemony 概念经常被认为是一个完全新造的词——实际上是他自己的发明。[1] 经常有人提出，在葛兰西之前的作家的零星词组中也许能找到这个词，但作为一个理论单位的概念是他的创造。

没什么比这种广泛的错觉更能揭示葛兰西的遗产缺乏学术

---

[1] 代表性的例子，参见 Norberto Bobbio, "Gramsci e la concezione della società civile," 出自专题文集 *Gramsci e la Cultura Contemporanea*, Rome 1969, p. 94；以及最近出版的 *Maria-Antonietta Macciocchi, Pour Gramsci*, Paris 1974, p. 140。

研究了。事实上，hegemony 概念在葛兰西采用它之前已经有很长的历史了，这一点对理解 hegemony 概念后来在葛兰西作品中的作用具有重要意义。Gegemoniya（hegemony）一词是 19 世纪 90 年代晚期至 1917 年俄国社会民主运动中最核心的政治口号之一，它所编码的思想首先出现在 1883—1884 年普列汉诺夫的著作中，他敦促俄国工人阶级需要对沙皇政府进行政治斗争，而不能仅仅对其雇主进行经济斗争。在他 1884 年创立工人解放组织的纲领中，他主张俄国资产阶级仍然太弱，无法在反对绝对主义（Absolutism）的斗争中采取主动：组织起来的工人阶级将不得不肩负起资产阶级民主革命的要求。[1] 普列汉诺夫在这些文本中使用了模糊的术语"支配"（domination/gospodstvo）来表示政治权力本身，并继续假设无产阶级将支持资产阶级进行革命，而后者最终必然会成为领导阶级。[2] 到 1889 年，他的重点发生了一些变化："政治自由"现在将"要么由工人阶级赢得，要么根本无法赢得"——但同时不会挑战资本在俄国的最终统治。[3] 在接下来的十年里，他的同事阿克雪里罗德（Axelrod）走得更远。在 1898 年的两本重要的小册子中，他与经济主义（Economism）论战时宣称，俄国工人阶级可以而且必须"在反对绝对主义的斗争中发挥独立的领导作用"，因为"所有其

---

[1] G.V. Plekhanov, *Izbrannye Filosofskie Proizvedeniya*, I, Moscow 1956, p. 372.

[2] Plekhanov, *Sochineniya*, (ed. Ryazanov), Moscow 1923, II, pp. 55, 63, 77; III, p. 91.

[3] *Sochineniya*, II, p. 347.

他阶级在政治上的无能"赋予了"无产阶级核心且突出的重要性"。① "工人阶级的先锋队应该系统地表现为一般民主的领导小分队。"② 阿克雪里罗德仍然在赋予无产阶级"独立"和"领导"角色之间摇摆不定，并夸大了士绅（gentry）在一场他重申将是资产阶级性质的革命中反对沙皇制度的重要性。然而，他对俄国工人阶级"全民族革命意义"的愈发强调，③ 很快就催化出理论上的质变。因为自此以后，无产阶级在俄国资产阶级革命中的首要地位将被毫不含糊地宣布出来。

在 1901 年写给司徒卢威（Struve）的信中，阿克雪里罗德划清了俄国社会民主主义与自由主义的界限，提出了一个公理："凭借我们无产阶级的历史地位，俄国社会民主党可以在反对绝对主义的斗争中获得领导权（hegemony/gegemoniya）。"④ 年轻一代马克思主义理论家立刻接受了这个概念。同年，马尔托夫（Martov）在一篇论战文章中写道："'批评者'和'正统'马克思主义者之间的斗争实际上是无产阶级和资产阶级民主之间争夺政治领导权的第一个篇章。"⑤ 同时，列宁在写给普列汉诺夫的信中开门见山提到"著名的社会民主党的'领导权'"，并

---

① P. Axelrod, *K Voprosu o Sovremennykh Zadachykh i Taktik Russkikh Sotsial-Demokratov*, Geneva 1898, pp. 20, 26.

② Axelrod, *Istoricheskoe Polozhenie i Vzaimnoe Otnoshenie Liberalnoi i Sotsialisticheskoi Demokratii v Rossii*, Geneva 1898, p. 25.

③ Axelrod, *K Voprosu*, p. 27.

④ *Perepiska G.V. Plekhanova i P. B. Akselroda, Moscow 1925*, II, p. 142.

⑤ Y. Martov, "Vsegda v Menshinstve. O Sovremennykh Zadachakh Russkoi Sotsialisticheskoi Intelligentsii," *Zarya*, Nos. 2–3, December 1901, p. 190.

呼吁创办一份政治报纸，作为准备俄国工人阶级的"真正领导权"唯一有效的手段。① 在这种情况下，列宁在 1902 年的《怎么办?》中，以全新的视野和雄辩的修辞，发展了普列汉诺夫和阿克雪里罗德率先强调的工人阶级采取"全民族"的政治方针，为社会全体被压迫阶级和群体的解放而斗争的使命。这个由普列汉诺夫、阿克雪里罗德和波特列索夫（Potresov）事先审阅并批准的文本，结尾正好是迫切呼吁创办革命报纸《火星报》（*Iskra*）。

因此，资产阶级革命中的无产阶级领导权的口号是布尔什维克和孟什维克在 1903 年俄国社会民主工党（RSDLP）第二次代表大会上共同的政治遗产。双方决裂以后，波特列索夫在《火星报》上写了一篇长文，谴责列宁对领导权思想的"原始"解释，即《怎么办?》号召社会民主党人"到居民的一切阶级中去"，为工人阶级组织"特别辅助小分队"的著名呼吁。② 波特列索夫抱怨列宁针对的社会阶级范围太广，同时他设想的无产阶级与这些阶级之间的关系类型又太专横——对这些阶级进行不可能的"同化"（assimilation），而不是与他们结成同盟。工人阶级赢得领导权的正确策略将是外部导向的，不是针对异见士绅或学生等不可能争取的群体，而是针对民主自由主义

---

① Lenin, *Collected Works*, Vol. 34, p. 56.

② A. Potresov, "Nashi Zakliucheniya. O Liberalizmei Gegemonii," *Iskra*, No. 74, 20 November 1904.

者，并且要尊重，而不能否定他们在组织上的自主权。列宁则很快指责孟什维克放弃了领导权概念，因为他们默认了俄国资本（Russian capital）在反对沙皇制度的资产阶级革命中的领导地位。他在 1905 年革命中呼吁"无产阶级和农民的民主专政"，正是为了给他仍然信守的传统战略提供一个政府形式。

革命失败以后，列宁在一系列重要文章中强烈谴责孟什维克放弃了领导权公理，他一再重申领导权对俄国一切革命的马克思主义者来说都是政治上必不可少的。他写道，"由于资产阶级民主的任务尚未完成，革命的危机仍然不可避免"。"在这种情况下，无产阶级的任务确定无疑。作为当代社会唯一始终如一的革命阶级，无产阶级必须在全体人民争取全面民主革命的斗争中，在所有劳动和被剥削的人民同压迫者和剥削者的斗争中成为领导者。无产阶级只有在自觉意识到并实现无产阶级领导权的意义上才是革命的。"① 孟什维克作家们声称，自 1905 年以来，沙皇制度已经实现了从封建国家向资本主义国家的过渡，无产阶级领导权已经过时，因为现在资产阶级革命在俄国已经结束。② 列宁雷霆般地回应："向工人们宣扬他们需要的'不是领导权，而是一个阶级政党'，意味着将无产阶级事业出卖给自由主义者；意味着宣扬社会民主的劳工政策应该被自由主义劳

---

① Lenin, *Collected Works*, Vol. 17, pp. 231–232.

② 我曾在其他地方讨论过 1911 年这些论战的重要性，关于沙皇制的性质，参见 *Lineages of the Absolutist State*, London 1975, pp. 354–355。

工政策取代。放弃领导权思想，是俄国社会民主运动中最粗陋的改良主义形式。"①

也正是在这些论战中，列宁反复对比无产阶级政治中的"领导权"阶段与"行会"（guild）或"社团主义"（corporatist）阶段。"从马克思主义的观点看，阶级，一旦放弃或不能领悟领导权观念，就不是阶级，或者还不是阶级，而是行会，或者各种行会的总和……只有具备领导权思想的自觉意识与付诸实践的行动，行会（tsekhi）才能整体转变成一个阶级。"②

可见，领导权一词是十月革命之前俄国工人运动辩论中最广泛使用和为人熟知的概念之一。十月革命之后，它在布尔什维克党内却逐渐被搁置不用了——理由很充分。领导权概念，因理论化工人阶级在资产阶级革命中的角色而诞生，又因社会主义革命的到来而失效。众所周知，资本主义范围的"工农民主专政"的情景从未实现。托洛茨基从不相信列宁1905年纲领的条理性或可行性，他对社会主义革命的相反预测在1917年迅速得到证实，后来他在《俄国革命史》中写道："流行和官方认可的无产阶级在民主革命中的领导权思想……绝不意味着无产阶级会利用农民起义，在它的支持下，将自己的历史任务——即直接过渡到社会主义社会，提上日程。无产阶级在民主革命中的领导权与无产阶级专政存在鲜明的区别，与之形成

---

① Lenin, *Collected Works*, Vol. 17, pp. 232–233. See also pp. 78–79.
② Ibid., pp. 57–58.

了尖锐的对比。自 1905 年以来，布尔什维克党就一直接受这些思想的教育。"① 托洛茨基无从知晓的是，无产阶级"领导权"与"专政"之间的"尖锐对比"会在另一个时代，在一种变化了的语境下重新出现。

当时，在十月的余波中，领导权这个词在苏联内部不再具有多少现实性。然而，它在共产国际的外部文件中幸存了下来。在第三国际的前两次世界代表大会上，共产国际通过了一系列提纲，首次将俄国对领导权口号的使用国际化。无产阶级的职责是在自己的苏维埃体制内，对其他被剥削群体行使领导权，他们是反对资本主义斗争中的阶级盟友；那里，"无产阶级的领导权将逐步提升半无产阶级和贫农"。② 如果无产阶级不能在社会活动的所有领域领导劳苦大众，而将自己局限于自己的特殊经济目标，就会陷入社团主义。"无产阶级只有在不局限于狭隘的社团主义框架，并且在社会生活的每一个表现形式和领域中作为全体劳动者和被剥削人民的向导时，才能成为革命阶级……如果工业无产阶级局限于自己特殊的社团利益和改善自己在资产阶级社会中的处境——有时是非常令人满意的处境，就无法完成自己将全人类从资本主义和战争的枷锁中解放出来的世界—历史使命。"③ 在 1922 年的第四次代表大会上，领导权

---

① Trotsky, *History of the Russian Revolution*, I, London 1965, pp. 296–297.

② *Manifestes, thèses et résolutions des quatre premiers congrès mondiaux de l'Internationale Communiste 1919—1923*, Paris 1969 (reprint), p. 20.

③ Ibid., pp. 45, 61.

一词似乎第一次扩展到资产阶级对无产阶级的统治，如果资产阶级诱使无产阶级在其阶级实践中接受政治斗争和经济斗争的区分，从而成功地将无产阶级的角色限制在社团主义范围内。"资产阶级总是试图将政治与经济区分开，因为它非常清楚，如果它成功地将工人阶级保持在社团主义的框架内，就不会出现任何严重威胁资产阶级领导权/霸权的危险。"①

领导权/霸权概念从俄国传播到身处意大利社会主义运动剧场中的葛兰西的过程，有相当大的把握可以在共产国际的这些连续文件中找到。战前俄国社会民主工党的辩论在十月革命后存入档案；尽管葛兰西1922—1923年在莫斯科度过了一年并学习了俄语，但他极不可能直接知悉阿克雪里罗德、马尔托夫、波特列索夫或列宁辩论领导权/霸权的文本。另一方面，他自然熟知当时共产国际的决议：他实际上是第四次世界大会本身的参与者。其影响可以从《狱中札记》中看出来：葛兰西对领导权/霸权概念的论述直接来自第三国际的定义。

我们现在可以回到葛兰西的文本本身。在整个《狱中札记》中，"hegemony"一词在许多不同的语境中反复出现。然而毫无疑问，葛兰西是从这个概念的某些不变的内涵出发的，而这些内涵是他从共产国际的传统中引申出来的。首先，在葛兰西的著作中，这个词指无产阶级与其他被剥削群体，尤其是

---

① *Manifestes, thèses et résolutions des quatre premiers congrès mondiaux de l'Internationale Communiste 1919—1923*, Paris 1969 (reprint), p. 171.

农民，在共同反对资本压迫的斗争中的阶级联盟。考虑到新经济政策的经验，他更加强调无产阶级需要对盟友作出"让步"和"牺牲"，以赢得对他们的领导权，从而将"社团主义"（corporatism）概念的范围从单纯局限于行会视野或经济斗争，扩展到一切形式的孤立于其他被剥削群众的工运中心主义（ouvrierist）。"领导权的前提是要考虑被领导群体的利益和倾向，并且应该形成某种妥协的平衡——换言之，领导群体应该作出某种经济—社团性质的牺牲。但毫无疑问，领导权虽然是伦理—政治的，也必须是经济的，必须基于领导群体在决定性的核心经济活动中所发挥的决定性作用。"[1] 同时，葛兰西比 1917 年之前的任何俄国马克思主义者都更雄辩地强调了无产阶级对同盟阶级的领导权必须包含文化优势（cultural ascendancy）。"先前萌发的意识形态变成了'政党'，开始冲突和对抗，直到只有其中一方或者至少一个组合开始占据上风，并在全社会进行自我宣传。因此，它不仅实现了经济和政治目标的合一，而且实现了思想和道德的统一，提出了所有需要在普遍层面上而不是在社团层面上开展斗争的问题。由此，它创造了一个根本社会群体对一系列从属群体的领导权。"[2]

在沿着同一理论方向的进一步发展中，葛兰西将无产阶级对被剥削阶级的共同敌人使用必要的暴力与在这些阶级内部进

---

[1] *QC* III, p. 1591; *SPN*, p. 161.

[2] *QC* III, p. 1584; *SPN*, pp. 181–182.

行妥协并列。托洛茨基敏锐地回想起，这样一来，葛兰西实际上重申了"无产阶级（对资产阶级）专政"和"无产阶级（对农民）领导权"之间的传统对立。"如果两支力量必须联合起来才能击败第三支力量，那么诉诸武力和强制（即便假设这些手段都是可用的）只不过是一种方法论上的假设。唯一切实可行的是妥协。武力可以用来对付敌人，但不能用来对付自己想要迅速同化，又需要他们的'友善'和热忱的自己人。"① 葛兰西这里说的"联合"，在他的文本中获得了比布尔什维克话语中更响亮的变调：在新经济政策期间逐渐流行开来的俄国工人阶级和农民联盟（smychka）或"结合"（yoking）的机械形象，变成了《札记》中一个"新历史集团"的有机融合。由此，在同一段中，葛兰西提到了"吸收"同盟社会力量的必要性，以便"创建一个新的、同质的、没有内部矛盾的政治—经济的历史集团"。② 这个公式升高了的音调契合葛兰西对领导权的用法中散发出的新颖的文化和道德感召力。

到目前为止，《狱中札记》反复诉诸领导权/霸权一词尚未明显偏离俄国革命的准则。然而，监狱写作的形式却不知不觉地转换了概念在整体语境中的意义和功能。因为葛兰西呈现他的思想的典型媒介是政治社会学的普遍公理协议，带有"漂浮"

---

① *QC* III, pp. 1612–1613; *SPN*, p. 168.

② *QC* III, p. 1612; *SPN*, p. 168. 应该记住，波特列索夫特别谴责了一切认为领导权要求"同化"同盟阶级的解释。

的指称对象（referents）——有时阶级或体制或时代会暗示具体的指称对象，但也经常含糊不清地唤起几种可能的范例。这个程序对任何其他马克思主义者来说都很陌生，但对葛兰西来说是必要的，因为他需要麻痹审查员的警惕。不过，这样做的结果是焦点的持续不确定，资产阶级和无产阶级往往会同时作为同一段落的假设主题而交替出现——事实上，无论何时，只要葛兰西抽象地说"主导阶级"（dominant class），就会如此。葛兰西经常被迫戴上概括（generalisation）的面具，对他的思想有重大影响：因为它引出了一个未经检验的前提，即资产阶级和无产阶级在各自的革命以及随后建立的国家中的结构地位在历史上是相同的。在适当的时候，我们将看到这种默示类比的风险。眼下，重要的是注意到，葛兰西许多狱中文本特有的"去情境"（desituated）话语模式是如何容许在不知不觉间过渡到一种比俄国所想象的广泛得多的领导权／霸权理论，由此在葛兰西的作品中产生了一个全新的马克思主义研究的理论领域。

实际上，葛兰西将霸权／领导权概念从最初的用法扩展到反对封建秩序的资产阶级革命中的工人阶级视角，扩展到稳定的资本主义社会中资产阶级对工人阶级的统治机制。我们会回想起，在共产国际的纲领中有一个这样的先例。然而，这里讨论的段落既简短又孤立：它没有引发任何更详细的关于资本影响力的论述。相比之下，葛兰西现在运用霸权／领导权概念对西方资产阶级权力的结构进行差异分析（differential analysis）。

这是一个新的和决定性的步骤。从一种用法到另一种用法的过渡，是通过一套原则上适用于两者之中任意一个的通用准则来沟通的，结果产生了一系列相当正式的关于历史上权力性质的命题。

具有象征意义的是，葛兰西把马基雅维利的作品作为他研究这一新理论范围的起点。他认为在所有政治行动中都必须采取"双重视角"，他写道，在"根本层面"上，这两种视角对应于"马基雅维利的半人马兽的双重性质——一半动物，一半人类"。对葛兰西来说，这些根本层面就是"武力与同意、支配与霸权/领导权、暴力与文明"。[1] 这里的言说领域显然是普遍的，效仿马基雅维利本人的方式，明确提出了一组适用于任何历史时代的对立命题：

武力	同意
支配	霸权/领导权
暴力	文明

"支配"（domination）一词是"霸权/领导权"（hegemony）的反题，在别处文本中，它与"指导"（direction）形成另一组对立命题。在其中最重要的一段文本中，葛兰西写道："一个社会群体的主宰（supremacy）有两种形式：'支配'与'思想和道德上的指导'。一个社会群体对敌对群体实行支配，倾向于

---

[1] *QC* III, p. 1576; *SPN*, pp. 169–170.

'清除'或者用武力压服，而对亲密和同盟群体则实行指导。"①
这里，用稍有新意的术语清楚地重申了俄国人"专政"与"霸
权／领导权"的经典区分。然而，这段话的关键意义在于，它
讲的毫无疑问不是无产阶级，而是资产阶级——因为它的主题
是意大利统一运动中温和派的角色以及他们对行动党的优胜地
位。换言之，葛兰西已经将霸权／领导权概念的指针转向了对
资本主义统治的研究，尽管依然在资产阶级革命的语境下（这
个概念在俄国的原初框架）。这段话后面将"指导"与"霸权／
领导权"融合起来。② 在同时期写的一封信中，葛兰西直接将这
两个概念等同起来，当时他评论说"克罗齐只强调历史—政治
活动中那个在政治上被称为'霸权／领导权'的时刻，即同意、
文化指导的时刻，以区别于武力、拘束、国家—立法或警察干
预的时刻"。③

　　同时，葛兰西在作品中着力强调霸权／领导权思想的强大
的文化意义，加上他将其应用于传统的统治阶级，提出了一种
新的马克思主义知识分子理论。葛兰西认为，后者的经典功能
之一是作为剥削阶级意识形态系统的组织代理人（organizing
agents），促成剥削阶级对被剥削阶级的霸权。在葛兰西看来，
克罗齐本人就代表了一个"行使霸权的伟大知识分子，这种霸

---

① *QC* III, p. 2010; *SPN*, p. 57.

② *QC* III, p. 2011; *SPN*, p. 58.

③ *Lettere dal Carcere*, p. 616.

权预设了从属阶级的某种合作或者自愿和积极的同意"。①

葛兰西提出的下一个问题是他的思想独有的。"支配"和"指导/霸权"这两种功能在哪里被行使？特别是，"霸权"行使的场所（site）是什么？葛兰西的第一个也是最坚定的答案是，霸权（指导）属于市民社会，而强制（支配）属于国家。*55*"我们现在可以确定两个主要的上层建筑层次——一个可以称为'市民社会'，即通常被称为'私人'的全部有机体的集合，另一个可以称为'政治社会'或国家。这两个层次，一方面对应于统治群体在整个社会中行使的'霸权'功能，另一方面对应于通过国家和'合法'政府（juridical government）行使的'直接支配'或命令。"②在俄国的辩论中，没有这种理论化的先例。原因很明显。葛兰西现在无疑更关注正统资本主义社会秩序中资产阶级政治权力的星座（constellation）。对市民社会的"私人"制度的暗示——不适合于一切工人阶级行使集体权力的社会形态——表明了他在这里思考的真正对象。在当时的一封信中，葛兰西在论及政治社会与市民社会作为两种阶级权力模式各自行使的场所（sites）时，更直接地提到了资本主义背景下的对比："政治社会（或专政，或强制机器，以确保人民群众服从给定时刻的生产和经济类型）"与"市民社会（或一个社会群体通过所谓的私人组织，比如教堂、工会、学校等等，对整

---

① *QC* II, p. 691; *SPN*, p. 271.

② *QC* III, pp. 1518–1519; *SPN*, p. 12. 这里的语境恰好是讨论知识分子。

個国家社会行使的霸权）"相对照。① 这里，将教会和学校列为市民社会私人社团中的霸权工具，毫无疑问表明这一概念应用于西方资本主义社会。结果，产生了这些明确的对立命题：

|---|---|
霸权	支配
=	=
同意	强制
=	=
市民社会	国家

然而，我们已经看到，葛兰西并没有连贯一致地使用国家与市民社会这对反义词。在他的著作中，这两个词以及它们之间的关系都经历了不同的变异。"霸权"一词同样如此。上面引用的文本与葛兰西谈到霸权的其他文本形成了对比，在那里，霸权不是作为"同意"的一极与"强制"的另一极形成对比，而是作为同意与强制的综合。因此，在一篇关于法国政治史的札记中，他评论说："在目前经典的议会制政体领域，霸权的常规用法的特点是武力与同意的结合，形成了可变的均衡，武力永远不会过分压倒同意。"② 这里在主题上进一步凸显出葛兰西将霸权概念重新定位于西欧先进资本主义国家及其内部的资产阶级权力结构。这个概念现在与西方特有的议会民主现象直接相关。在霸权的功能从同意向同意—强制转变的同时，它本身的地形位置也发生了重新定位。在另一段话中，葛兰西将自由

---

① *Lettere del Carcere*, p. 481.

② *QC* III, p. 1638; *SPN*, p. 80n.

国家的行政、立法和司法机构说成"政治霸权的机关"。① 这里，霸权牢固地坐落于国家内部，而不再局限于市民社会。与"市民霸权"相比，"政治霸权"的微妙措辞凸显了政治社会与市民社会之间的残余对立，众所周知，这是葛兰西国家与市民社会的对立命题的变体之一。换言之，霸权在这里不是位于两者之一，而是同时位于两者之中。57

国家	市民社会
=	=
政治霸权	市民霸权

　　这个版本无法与前面那些在《札记》中占主导地位的叙述调和一致。在第一个版本中，葛兰西将霸权与政治社会或国家对立，而在第二个版本中，国家本身成为霸权的装置。在另一个版本中，市民社会与政治社会之间的区分完全消失了：同意和强制都与国家同延（co-extensive）。葛兰西写道："国家（在其完整意义上）是专政＋霸权。"② 霸权概念的内涵和位置的振荡放大了那一对原始词语本身的振荡。因此，在葛兰西在监狱里组装的高深莫测的马赛克拼图中，"国家""市民社会""政治社会""霸权""支配"或"指导"等词语都经历了持续不断的滑动（slippage）。我们现在将试图表明，这种滑动既不是偶然的，也不是任意的。

58

---

① 　*QC* II, p. 752; *SPN*, p. 246.
② 　*QC* II, pp. 810–811; *SPN*, p. 239.

二、变体

在葛兰西对西欧资产阶级权力结构的分析中，存在三个版本的国家与市民社会之间的关系。第一个版本，在西欧资本主义国家，国家是"外层壕沟"，市民社会则是内层堡垒；国家是资产阶级对被剥削阶级进行武力统治或强制的场所，而市民社会则是资产阶级对被剥削阶级进行基于同意的统治的舞台。在这里，霸权更偏向"同意"，指统治阶级在文化和意识形态上的优势，不同于"强制"。第二个版本，国家和市民社会都发挥着霸权的功能，而霸权本身又被重新定义为强制与同意的结合。第三个版本，国家和市民社会合并成了一个更大的统一体，或者说，国家等同于市民社会。

当霸权／领导权（hegemony）的问题意识从东方无产阶级的社会联盟转向西方资产阶级权力的结构时，就可以在他的《狱中札记》中同时发现葛兰西的关键概念之间关系的三个不同版本。我们将会看到，每一个版本都对应于马克思主义关于资产阶级国家分析的一个基本问题，却没有提供充分的答案：版本之间的变异，正是葛兰西意识到他的解决方案存在困境的直观迹象。当然，要指出葛兰西定理的局限性，需要的不仅仅是在语文学上展示它们缺乏内部连贯性。不管多么简要，我们都建议对它们与当代西方资产阶级国家性质之间的外部对应性（external correspondence）进行某些政治评估。

　　然而，与此同时，这些讨论都将保持在葛兰西自己的范畴体系的界限内。我们不会预先判断，后者是否真的为科学分析当今资本主义的权力结构提供了最佳的出发点。特别是，我们会尊重"国家与市民社会"和"强制与同意"的二元对立是葛兰西话语的核心要素；要审视的是它们在他的马克思主义学说中的应用，而不是它们的功能。这里将不会探讨任何过于二元论（too-dualist）的资产阶级权力理论的困难。很明显，资本主义内部被剥削阶级遭受的所有直接经济约束实际上不能马上归入强制或同意——武力或文化说服——等政治范畴中的任何一个。类似地，国家与市民社会的形式二分法，无论作为初步工具多么必要，本身也不能提供关于资本主义社会形态的不同制度之间（其中一些通常处于两者边界的中间位置）复杂关系的具体知识。事实上，葛兰西最关心的分析问题可能需要超越他的二元地标，在一个新的范畴秩序中重新概念化。不过，这些问题超出了文本评析的范围。就我们这里的目标而言，只要停留在葛兰西自己的研究领域就足够了——直到今天，它仍然是一个先驱者的领域。

我们可以从考察上面引用的葛兰西术语的第一个也是最引人注目的，对他的作品的隐秘命运最重要的构造开始。它的中心文本是本文开头引用的段落，葛兰西在其中写下了东方与西方的区别，他说在东方，"国家就是一切"，而在西方，国家是"外层壕沟"，市民社会则是内层堡垒，即便国家遭遇最严重的动摇，市民社会也能幸存下来，因为它结构有序且坚固，不像东方那样"原始和混沌"。因此，东方适合进行"运动战"，西方适合进行"阵地战"。然后，这个论点可以与许多其他文本反复申明的配套论点联系起来，即国家是资产阶级对被剥削阶级进行武装统治或强制的场所，而市民社会则是资产阶级对被剥削阶级进行文化指导或合意霸权（consensual hegemony）的舞台——"武力与同意、强制与说服、国家与教会、政治社会与市民社会"之间的对立。① 结果是为东 / 西方的区分汇总了一组对立命题：

东方	西方
国家 / 市民社会	市民社会 / 国家
强制	同意
支配	霸权
运动	阵地

换言之，在西方，市民社会对国家的优势，可以等同于"霸权"对"强制"的优势，这是先进资本主义国家中资产阶级权力的基本模式。由于霸权属于市民社会，市民社会胜过国家，因此是统治阶级的文化优势（cultural ascendancy）在根本上确保了资本主义秩序的稳定。在葛兰西这里的用法中，霸权是指资产阶级获得的工人阶级在意识形态上的臣服（ideological subordination），使资产阶级得以进行基于同意的统治（rule by consent）。

现在，这个公式的初步目标已经很清楚了。它在沙皇俄国

---

① *QC* II, p. 763; *SPN*, p. 170.

与西欧之间建立了一个明显且根本的区别——代议制政治民主的存在。照此说来，它类似于列宁的宝石公式，即俄国沙皇以武力来统治，英法资产阶级以欺骗和让步来统治。① 葛兰西的伟大理论价值在于，他比之前或之后的任何其他革命者都更加坚持不懈和有条理地指出了这种差异。在列宁或托洛茨基或者其他布尔什维克理论家的著作中，都找不到任何对欧洲内部这一巨大历史分野的持续和系统的反思，即西方存在议会民主制，即便当时仍然断断续续且不完善，而东方不存在。在布尔什维克传统中最边缘的问题，第一次被葛兰西发展成为马克思主义理论的一个统帅主题。

与此同时，他在《狱中札记》中勾勒的第一个解决方案根本行不通：简单将"霸权"定位于市民社会，并赋予市民社会凌驾于国家之上的首要地位。实际上，这个问题非常精确地对应于西方左翼关于资产阶级民主的常识观点——这种观点自第二次世界大战以来在激进的社会民主圈子中广泛传播。② 这种观念认为，西方的国家不像沙皇俄国那样是警察镇压的暴力机器：群众可以通过定期的民主选举进入政府，这在形式上允许

① 列宁写道，"全世界资产阶级和地主阶级政权的经验，已经演变出两种使人民臣服的方法。首先是暴力"，沙皇用暴力"向俄国人民展示了暴力能做到什么和不能做到什么的最大限度"。"但还有另一种方法，英国和法国的资产阶级发展得最完善……即欺骗、奉承、花言巧语、荣华富贵的承诺，只在次要方面给一些小恩小惠，在关键方面却不让步。" *Collected Works*, Vol. 24, pp. 63–64.

② 第一个对葛兰西作出这种重要解释的是一位意大利社会党的理论家朱塞佩·坦布拉诺（Giuseppe Tamburrano）的作品 Antonio Gramsci. *La vita, il pensiero, l'azione*, Bari 1963。

出现社会主义政府的可能性。但经验表明，这些选举从来没有产生过一个致力于剥夺资本和实现社会主义的政府。在普选权出现五十年后，这种现象似乎比以往任何时候都更加遥远。这个悖论的原因是什么？它必定在于选举时刻之前无产阶级的先在意识形态条件。因此，必须在市民社会内部寻找权力的中心点——首先是资本主义基于对生产资料（私有财产）的控制，从而控制了通信工具（报刊、广播、电视、影院、出版）。一个更精细的变体是，自愿接受资本主义的真正灌输，与其说是通过通信工具（means of communication）的意识形态教导，不如说是通过市场无形地传播的商品拜物教，或者通过工厂和办公室的工作惯例催生的本能的顺从习惯——换言之，直接在生产资料本身的范围内。不过，无论是强调文化还是经济机制的影响，分析的结论都是一样的。是市民社会的战略纽带维系着政治民主国家中的资本主义霸权，国家机构不会直接禁止或镇压群众。① 这个系统是通过同意而不是强制来维系的。因此，社会主义斗士的主要任务不是与武装国家战斗，而是工人阶级的意识形态转变（conversion），将他们从对资本主义神话的臣服中解放（free）出来。

这种典型的左翼社会民主综合征包含了许多错觉。它的第一个也是最直接的错误正是认为，在西方社会形态中，资产阶

---

① 这种观点的一个典型例子，参见 Perry Anderson, "Problems of Socialist Strategy," 收录于文集 *Towards Socialism*, London 1965, pp. 223–247。

级的意识形态权力主要在市民社会领域行使，它对市民社会的霸权随后抵消了代议制国家的民主潜力。工人阶级可以进入国家（议会选举），却并不运用国家去实现社会主义，因为国家通过通信工具进行了意识形态灌输。实际上，真相可以说恰好相反：代议制国家的一般形式——资产阶级民主——本身就是西方资本主义首要的意识形态关键机制，它的存在本身就使工人阶级丧失了想象一种不同类型的社会主义国家的想法，随后通信工具和其他文化控制机制都加固了这种核心的意识形态"效果"。资本主义生产关系根据人们对生产资料的不同获取机会，将所有男人和女人分配到不同的社会阶级中。阶级划分才是法律上自由和平等的人之间签订的工资合同背后的基本现实，而工资合同是这种生产方式的标志。于是，在资本主义制度下，政治秩序和经济秩序在形式上分离开来。因此，资产阶级国家在定义上"代表"了从社会阶级中抽象出来作为个体和平等公民的全体人口。换言之，它向在市民社会中处于不平等地位的男人和女人展示了他们在国家中似乎是平等的。议会每四五年选举一次，作为民意的主权表达，将国家的虚拟统一性（fictive unity）反射回群众，仿佛它是他们自己的自治政府。剥削者和被剥削者在法律上的平等，掩盖了"公民"内部的经济分化以及大众完全脱离和不参与议会运作。然后，这种脱离被不断地向大众呈现和再现为自由的终极化身：作为历史终点的"民主"。因此，议会制国家的存在构成了统治阶级所有其他意识形态机制的正式框架。它提供了传输每条具体消息的通用代码。由于公民的法律权利不仅仅是幻象，这个代码显得愈发强大：相反，资产阶级民主的公民自由和选举权是一种实实在在的现实，它们的实现在历史上部分是劳工运动本身的成果，失去这些权利将是工人阶级的重大挫败。①

相比之下，在代议制国家的框架内进行改革赢得的经济改善——明显更偏物质——给西方大众留下的意识形态印记通常更少。在主要帝国主义国家，工人阶级的生活水平在二战后二十五年里的稳步提升，是宗主国本土（metropolitan）资本主义政治稳定的关键因素。但是，关于改良主义效果的传统辩论的主题，即大众同意的实质组成部分，却在本质上不稳定且易波动，因为它倾向于制造一种不断增长的预期，即便在长期的国际性繁荣阶段，也没有哪个国家的资本主义经济可以完全满足这种预期，更不用说衰退阶段了；因此，它的"活力"（dynamism）潜在地不稳定，会在经济增长发生波动或停滞时引发危机。相比之下，议会制国家催生的同意的法律—政治成分要稳定得多：资本主义的政治体不受同样的兴衰变迁的影响。在西方，它遭到工人阶级斗争积极质疑的历史情形要少得多。

65

---

① 换言之，简单将议会称为资产阶级权力的"意识形态机器"是完全错误的。议会主权的意识形态功能铭刻在每一部资产阶级宪法的正式框架中，始终是资本进行文化统治的核心。然而，议会当然也是一个"政治机器"，具有真实的辩论和决策的属性，它绝不是麻痹群众的主观伎俩。它们是客观的结构，代表了曾经伟大而至今仍然强大的历史成就，即资产阶级革命理想的胜利。

换言之，资产阶级民主的意识形态要比任何福利改良主义的意识形态强有力得多，形成了资本主义国家灌输的共识的永恒句法（syntax）。

现在可以看出为什么葛兰西的主要公式是错误的。不可能像他最初寻求的那样，将资产阶级阶级权力的意识形态功能分割为市民社会和国家。西方议会制国家的根本形式——它的公民的法律总和——本身就是资本主义意识形态机器的枢纽。市民社会中文化控制系统的分支构成的综合体——广播、电视、影院、教堂、报纸、政党——在确保资本主义阶级秩序的稳定方面无疑发挥了关键的补充作用。当然，在经济领域，市场关系的扭曲棱镜和劳动过程那令人麻木的结构也是如此。这些系统的重要性当然不应被低估。但也不应被夸大，或者最重要的是，不能与国家本身的文化—意识形态作用相提并论。

某种庸俗的左派观点习惯于将同意问题从其结构背景中分离出来，并假设它是西方资本主义统治独有的突出特征，从而沦为"议会主义"。为了反驳这个错误观点，许多马克思主义者指出，历史上所有的统治阶级通常都得到了被剥削阶级对自己遭受剥削的同意——封建领主或拥有奴隶的大庄园主得到的被剥削阶级的同意，不亚于工业企业家。这个反驳当然是正确的。但它不是一个充分的回答，除非它准确地定义当今西方所赢得的工人阶级对资本积累的同意与其他被剥削阶级的同意之间的种差（differentia specifica），换言之，工人阶级被诱导接受的资产阶级意识形态的形式和内容。尼科斯·普兰查斯（Nicos Poulantzas）的著作《政治权力与社会阶级》包含了许多对《狱中札记》的尖锐评论，事实上否定了葛兰西对这个问题的关注，认为这种同意的唯一新颖之处在于它号称理性，即它的非宗教特征。"（资本主义）意识形态的具体特征，根本不像葛兰西相信的那样是从被统治阶级那里获得或多或少积极的'同意'，这是一切统治意识形态的普遍特征。资本主义意识形态的独有特征是，它们的目标不是倚仗参与神圣事物而获得被统治阶级的接受：它们明确宣称自己是科学的技艺，并且得到接受。"① 类似地，厄内斯特·曼德尔（Ernest Mandel）在他的《晚期资本主义》中写道，当代西方资本主义意识形态的主要形式是诉诸技术理性和专家崇拜："对技术万能的信仰是晚期资本主义资产阶级意识形态的特殊形式。"② 这些主张都有一个严重的误解。

在现代资本主义社会形态中赢得大众的历史性同意的独特之处，绝不是其世俗的指涉或者对技术的敬畏。这种同意的新颖之处在于，它采取了让大众相信他们在现有的社会秩序中行使最终自决权的根本形式。因此，它不是接受某个公认的统治阶级的优越性（封建意识形态），而是相信所有公民在国家治理中的民主平等——换言之，不相信任何统治阶级的存

---

① Nicos Poulantzas, *Political Power and Social Classes*, London 1973, p. 217.

② Ernest Mandel, *Late Capitalism*, London 1975, p. 501.

在。因此，资本主义社会形态中被剥削者的同意是一种性质上全新的类型，它引人联想地产生了自己词源上的扩展：共识，或者相互认同（mutual agreement）。自然，资产阶级意识形态的积极压力以多种混合形式与更古老的、不太清晰的意识形态习惯和传统共存并结合——特别是对世界的消极逆来顺受以及对改变世界的任何可能性缺乏信心，而这源于一切阶级社会的差异化知识和信心特征。① 这些悠久传统的遗产确实经常披上尊重技术必要性的现代伪装。然而，它们与以前的阶级统治模式并没有任何真正的不同，它们今天继续发挥效用的条件是它们嵌入了一种笼罩着它们的代议制民主的意识形态。因为只有资产阶级民主的自由似乎为人民的集体意志确立了可能的社会限度，从而将其无能限制在可以容忍的范围内。②

事实上，葛兰西本人非常清楚，需要仔细区分被剥削者对自身遭受剥削的"同意"的连续历史形式，并对任一时刻它的

---

① 参见戈兰·瑟伯恩（Göran Therborn）趣味盎然的评论："What does the Ruling Class do when it Rules?," *The Insurgent Sociologist*, Vol. VI, No. 3, Spring 1976。

② 换句话说，真实且坚定地相信人民主权，并不妨碍同时深刻地怀疑法律上体现人民主权的政府。调和两者之间的这种割裂，通常要靠这样一种信念，即任何政府都必然会疏远那些它代表的人，然而许多政府根本不具有代表性（representative）。这并不只是西方群众的宿命论或犬儒主义。正是东方无产阶级民主的彻底缺乏不断再生产了对熟悉的资产阶级民主秩序的积极认同；资产阶级民主代表了一种乏味的最大限度的自由，而东方的体制则象征着地狱般最低限度的自由。这里没有篇幅探讨五十年"斯大林主义"的影响，尽管它对理解当今西方资产阶级民主的复杂历史意义极其重要。

组成部分进行差异化分析。他指责克罗齐在《自由史》中假设，自由主义之前的所有意识形态都具有"相同的干瘪和模糊色彩，缺乏发展或冲突"——强调宗教对波旁王朝治下那不勒斯群众的掌控的特异性，强调代替它的意大利民族的强大号召力，以及同时在大众中将两者结合起来的可能性。[①] 在别处，他正是在从被压迫者那里获得的不同类型的同意——"直接"和"间接"——的意义上对比了法国大革命与欧洲复辟时期，以及相对应的选举权形式——普遍选举权和限制（censitary）选举权。[②] 然而，矛盾的是，葛兰西在《狱中札记》中从未对资产阶级民主的历史或结构作出任何全面的描述。赋予他的核心理论著作最深刻意义的问题，仍然是他的文本的视野，而不是研究的对象。他关于霸权/领导权话语的初始方程之所以会计算错误，部分原因正是由于这种欠缺。葛兰西不断回到西方的同意问题并没有错：不领悟资产阶级民主的全部性质和作用，就无法理解当今先进工业国家的资本主义权力。同时，应当明确，为什么葛兰西首先将"同意"定位于市民社会是错误的。事实上，这种同意的性质本身就否定了这样的定位，因为正是议会代议制国家首先诱发出这种同意。

现在让我们看看葛兰西各个术语之间关系的第二个版本。在这里，他不再赋予市民社会相对于国家的优势地位，或者将

69

---

① *QC* II, pp. 1236–1237.
② *QC* I, p. 443.

霸权单方面定位于市民社会。相反，市民社会与国家处于平衡或均衡状态，霸权分布于国家或"政治社会"与市民社会之间，而它本身又被重新定义为强制与同意的结合。这些表述传达出葛兰西对他的第一个版本的不安，以及他对西方资本主义国家在意识形态上扮演的核心角色具有敏锐的意识，尽管他有些抗拒这种意识。他不只是一般性地意识到这种角色。不过，他对国家专门扮演这种角色的特定维度的评论是有选择的，他聚焦于那些下级机构，而不是高级机构。葛兰西对国家意识形态功能的具体指涉，与其说涉及议会，不如说涉及教育和法律——学校系统和司法系统。"每个国家都是伦理的，因为它最重要的职能之一是把大部分人口提升到一定的文化和道德水平，以符合生产力发展的需要，从而满足统治阶级的利益。学校发挥的积极的教育功能与法院发挥的消极和压制的教育功能，是国家最重要的此类活动。但在现实中，许多其他所谓的私人倡议和活动也是为了同样的目的，它们构成了统治阶级的政治与文化霸权的机器。"①

　　这种强调极其重要。它凸显了葛兰西与后来的许多评论家之间的距离，无论葛兰西对它的发展有什么局限性。但与此同时，不能认为它是对第一个版本的真正改正。葛兰西现在把握住了市民社会与国家内部意识形态控制的共同存在（co-presence）。但是，一个层面上的收益，被另一个层面上清晰度的

---

① *QC* II, p. 1049. 也可参见 *QC* III, p. 1570; *SPN*, p. 246。

损失抵消了。先前只分配给市民社会的霸权，现在也由国家行使。然而，与此同时，它的含义也发生了变化：霸权现在不再仅仅指文化主宰权（cultural supremacy），还包括强制。"霸权的常规用法"现在"以武力与同意相结合为特征"。结果，葛兰西现在从另一个方向犯了一个错误，因为正是资本主义国家合法垄断了强制。根据韦伯的著名定义，国家是在特定领土上合法垄断了暴力的机构。① 只有国家拥有军队和警察——"一群专门从事镇压的人"（恩格斯）。因此，作为"强制＋同意"的霸权在市民社会与国家中共同存在是不正确的。在市民社会，法律上并不存在镇压。国家将镇压保留为专属领域。② 这就引出了发达资本主义社会形态中权力性质的第一个基本公理：权力中同意和强制功能的分配总是存在结构上的不对称，意识形态在市民社会和国家之间共享，暴力则只属于国家。换句话说，在两者之间的任何公式中，国家都会两次进入。

71

葛兰西难以分离出这种不对称的一个原因可能是，1920—1922 年，意大利非同寻常地出现了法西斯分子在国家机器之外组织并自由运作的军事小队。因此，资本主义国家对暴力的结

---

① "Politics as a Vocation," in *From Max Weber*, ed. Gerth and Mills, London 1948, p. 78.

② 这是一切现代资本主义国家的规制原则。在实践中，它自然允许某些变化和限定。国家对强制手段的垄断可能体现在法律禁止持有自动武器，但不禁止手枪，就像美国或瑞士。可能存在半合法的私人暴力组织，例如二三十年代美国的打手小队（goon-squads）。葛兰西当然对后者的存在印象深刻。不过，在先进资本主义社会形态中，与核心国家机器相比，这些现象无足轻重。

构性垄断在某种程度上被市民社会内部的联合突击行动（葛兰西的用词）掩盖了。但事实上，不用说，军事小队（squadristi）之所以能够无法无天地袭击和洗劫工人阶级机构，是因为他们有警察和军队的默许。以葛兰西一贯的清醒，他自然很清楚这一点："在当前的斗争中，削弱了的国家机器就像一支偃旗息鼓的军队：突击队或私人武装组织进入战场完成两项任务——在国家保持在合法状态以内的同时，使用非法手段重新组织国家本身。"① 他在评论"向罗马进军"（March on Rome）时写道："国家与法西斯运动之间不可能有'内战'，只有零星的改组国家领导层并改革其行政机构的暴力行动。在国内游击斗争中，法西斯运动并不针对国家，而是与国家结盟。"② 法西斯小队的一些相对非典型的插曲——他们的远征只能是"零星的"——对葛兰西思想的平衡事实上似乎没有任何显著的影响。

关于他对国家与市民社会之间关系描述的不确定性，更重要的方面是他的理论总是倾向于过度扩展（over-extension）其概念。他将警察溶解成一种更广泛、更模糊的社会现象，并不是个例。"什么是警察？它肯定不仅仅是通常理解的那种法律承认并赋予公共安全职能的官方组织。后者是对'警察'负有正式责任的中央核心，而实际上，'警察'是一个庞大得多的组织，一个国家的很大一部分人口都以直接或间接的方式参与其

---

① *QC* I, p. 121; *SPN*, p. 232.

② *QC* II, pp. 808–809.

中，具有或多或少精确和确定的联系，无论是长期还是偶尔。"① 事实上，令人瞩目的是，正是在他特别感兴趣的作为国家职能的法律领域，葛兰西可以在指出市民社会中缺乏任何与法律制裁相当的强制手段的同时，却仍然认为合法性（legality）应该被视为在市民社会中与在国家中一样普遍发挥作用的压力和强迫机制，以产生特定的道德和文化标准。"'法律'的概念应该扩展到包括那些今天被指定为'法律中立'并且属于市民社会领域的活动，这些活动没有税收制裁或义务，但仍然施加了一种集体压力，并在决定习俗、思维和行为方式、道德等等方面取得了客观效果。"② 结果是，法律与习俗、法律规则与传统规范之间在结构上无法区分，这妨碍了在资本主义社会形态中准确划分市民社会或国家各自领域的界线。葛兰西从来没能完全解决两者之间的不对称性：他接连提出的公式不断地朝它摸索，却从来没有真正触及它。

73

葛兰西术语之间关系的第三个版本代表了最后一次抓住他那难以捉摸的目标的尝试。在这个版本中，国家现在包括"政治社会"与"市民社会"。实际上，它使第二个版本中初露端倪的范畴融合变得更加激进。现在，作为强制和同意综合体的霸权不再只是跨越了国家和市民社会，国家和市民社会本身合并成一个更大的宗主统一体（suzerain unity）。"国家应该被

---

① *QC* I, pp. 279–280.

② *QC* III, p. 1566; *SPN*, p. 242.

理解为不仅仅是政府机构，而且也是霸权或市民社会的'私人'机构。"① 这个论述的结论是一个突然的断言："实际上，市民社会和国家是一回事。"② 换言之，国家与社会形态同延（coextensive），正如在国际层面的用法一样。作为一个独特实体的市民社会概念消失了。"市民社会也是'国家'的一部分，事实上是国家本身。"③ 这些表述可以说揭示了葛兰西经常意识到，在西方，国家的角色在某种意义上"超出"了市民社会的角色。因此，它们构成了对他的第二个版本的重要修正。不过，再一次，新领域的收益伴随着前一个领域的损失。在这个最终版本中，国家与市民社会之间的区别本身被取消了。这个解决方案具有严重的后果，它破坏了一切定义西方资产阶级民主特异性的科学尝试。

其结果可以从路易·阿尔都塞和他的同事采用的这个版本中看出来。如果说葛兰西公式的第一个版本首先被战后欧洲社会民主主义内部的左翼潮流挪用，那么第三个版本最近则被欧洲共产主义内部的左翼潮流利用。这种采用的源头可以在《保卫马克思》的一段著名的话中找到，其中阿尔都塞将"市民社会"概念等同于"个人经济行为"并将其归因于黑格尔，认为它与历史唯物主义格格不入。④ 当然，事实上，虽然青年马克思确实主要使

---

① *QC* II, p. 801; *SPN*, p. 261.

② *QC* III, p. 1590; *SPN*, p. 160.

③ *QC* III, p. 2303; *SPN*, p. 261.

④ *For Marx*, London 1970, p. 110.

用"市民社会"这个词来指代经济需要和活动的领域，但远远不意味着它从他成熟时期的作品中消失了。如果说它早期的含义从《资本论》中消失了（随着生产力/生产关系概念的出现），"市民社会"这个词本身并没有消失，因为它在马克思那里还有另一层含义，它不是个人经济需要的代名词，而是资本主义社会形态中所有非国家机构的一般性称谓。马克思不仅从未放弃"市民社会"概念的这一功能，他后来的政治作品还反复围绕这一功能而展开论述。《雾月十八日》的全部内容都建立在对波拿巴主义的分析之上，它的出发点是："国家纠缠、控制、管理、监督和编组市民社会，从最包罗万象的生活表达，直至最微不足道的动作，从最普遍的存在方式，直至个人的私人生活。"[①]

葛兰西在《狱中札记》中采用的正是这种用法。不过，在此过程中，他更精确地界定了"市民社会"概念。在葛兰西那里，市民社会不是指经济关系领域，而是指与之形成鲜明对比的上层建筑制度的体系，它是经济和国家之间的中介。

---

① Marx, *Surveys from Exile*, p. 186.《法兰西内战》是一个提出了与波拿巴主义截然相反的理论的补充作品："帝国的直接反题是公社……民族的统一不能被破坏，恰恰相反，要通过公社宪法组织起民族的统一，并且通过摧毁自诩体现了民族统一却又独立于并高于民族本身的国家权力而实现……它的合法职能将从窃取了凌驾于社会之上的地位的当局那里夺回，并归还给社会的负责机构。"Marx, *The First International and After*, London 1974, pp. 208, 210.《哥达纲领批判》重复了同样的对比："自由就在于把国家从一个凌驾于社会之上的机关转变成完全服从社会的机关。"（同上，第354页）在马克思的后期著作中，"市民社会"一词被简写为"社会"，很可能是因为德语 bürgerliche Gesellschaft 的含糊不清，但在国家与社会之间的这些对比中，它显然占据了相同的结构位置。

"在经济结构与拥有立法和强制的国家之间，矗立着市民社会。"① 这就是为什么葛兰西的市民社会中霸权制度的清单上很少包括工厂或车间——这些正是他今天的许多门徒相信的在群众中灌输意识形态臣服的首要经济机构。（如果不是在他关于美国主义的狱中笔记中，就是在他的都灵著作中，葛兰西经常倾向于将这些场所的纪律视为社会主义而不是资本主义的学校。）因此，葛兰西对"市民社会"一词的定义可以说是对马克思的晚期作品中该词用法的提炼，明确地将它与其经济起源分离开来。同时，我们刚刚看到，在他最后一个版本的国家与市民社会二元论中，他完全放弃了两者之间的区分，声称两者具有同一性。然而，即便在非经济用法中，这个词能被简单地否定吗？毫无疑问，它在洛克、弗格森、卢梭、康德、黑格尔和马克思那里的曲折历程，使它充满了多种多样的歧义和混淆。② 毫无疑问，未来有必要在全面阐述资本主义社会形态的完善理论中构建一个新的和明确的概念。但在此之前，"市民社会"一词仍然是一个必要的实用—指示概念，用于指称国家制度边界之外的所有机构和机制。换言之，它的功能是在资本主义的政治—意识形态上层建筑内划出一条不可或缺的分界线。

---

① *QC* II, p. 1253; *SPN*, p. 208.

② "市民社会"这个词从启蒙运动以来的各种用法，参见 Bobbio, "Gramsci e la concezione della società civile," op. cit., pp. 80–84。在黑格尔以前，"市民社会"习惯上是相对于"自然社会"或"原始社会"而言的，即文明（civilisation）相对于自然（nature），而不是相对于"政治社会"或"国家"，后者是文明内部的分野。

一旦拒绝了市民社会概念，阿尔都塞后来合乎逻辑地走向对葛兰西的最终公式的彻底同化，实际上取消了国家与市民社会之间的区别。结果是，"教会、政党、工会、家庭、学校、报纸、文化企业"事实上都构成了"意识形态国家机器"（Ideological State Apparatuses）。① 在解释这一观点时，阿尔都塞宣称："实现它们（意识形态）的机构是'公共的'还是'私人的'并不重要"，因为这些机构都无差别地形成了单一控制性国家的各个部门，而单一控制性国家是"区分公共和私人的先决条件"。② 这个突然且武断的理论决定背后的政治原因尚不完全清楚。不过，它们似乎可能在很大程度上是 60 年代末中国"文化大革命"对欧洲共产党半反对派的吸引力的产物。实际上，中国官方宣称这一进程具有革命性质，只有在规定文化的所有表现形式都是国家机器的情况下，才能符合经典马克思主义对革命的定义——推翻和摧毁国家机器。③ 在当时的中国媒体上，确实通常可以从个人展示的心理特征中看出这些表现。为了给

---

① *Lenin and Philosophy and other essays*, London 1971, pp. 136–137. 阿尔都塞评论说："据我所知，葛兰西是唯一一个在我走的道路上进行过深入探索的人……可惜，葛兰西没有将他的直觉系统化，一直停留在敏锐但零碎的笔记状态。"

② *Lenin and Philosophy*, pp. 137–138. 当然，一旦接受这个论点，就没有理由不将资产阶级报纸或家庭，以及资本主义工厂和办公室都称为"国家机器"——值得称赞的是，阿尔都塞显然感到这个结论难以接受。（此后，宣布苏联的"国家资产阶级"等同于美国资产阶级，就再容易不过了。）然而，这种遗漏只能表明整套说辞缺乏严肃性。

③ 参见艾萨克·多伊彻（Isaac Deutscher）关于"文化大革命"的富有洞见的访谈，*La Sinistra*, Vol. 1, No. 2, November 1966, pp. 13–16。

中国正在进行的"精神革命"提供马克思主义凭证，彻底重新定义国家是必要的。今天没必要过多讨论这种方法对理性解释"文革"的不足之处，"文革"现在已经是中共历史中归入档案的篇章。更为严重的是，它对西方一种具有责任感的社会主义政治造成的潜在后果。

一旦采取这样一种立场，即所有的意识形态和政治上层建筑——包括家庭、改良主义工会和政党，以及私人媒体——都被定义为国家机器，严格按照逻辑来讲，区分资产阶级民主和法西斯主义就变得既不可能，也没有必要。因为，根据这种推理，在后一种情形中，国家对工会或大众媒体的完全控制被制度化了的事实，用阿尔都塞的话说，将是"不重要的"。国家与市民社会的类似合并，可能反而会导致法兰克福学派年轻一代的信徒同时认为，"自由民主"在战后德国的功能相当于法西斯主义在战前德国的功能，因为家庭现在扮演了之前由警察担任的作为国家体制一部分的威权主义实例的角色。这些论点的不科学性是显而易见的；20年代和30年代早期的欧洲工人阶级为这种期待付出了沉重的代价。国家的边界，对马克思主义理论或革命实践来说不是无关紧要的问题，精确绘制其边界是至关重要的。事实上，模糊国家的边界，就会误解资产阶级民主制度中国家以外的上层建筑的特定角色和效力。拉尔夫·米利班德（Ralph Miliband）有先见之明地批评了"意识形态国家机器"的整个概念，他正确地强调了这一点："说相关机构实际上是国家体制的一部分，在我看来并不符合现实，而且往往会掩盖这些政治制度与那种意识形态机构确实属于国家垄断权力体系一部分的制度之间在这方面的差异。在前者的制度中，意识形态机构确实保留了非常高的自主权，因此能够更好地掩盖它们在多大程度上隶属于资本主义权力体系。"①

就阿尔都塞而言，把法西斯主义结构与资产阶级民主结构的任何等同归咎于他是不公平的，没有迹象表明他曾经受到过这些极左主义错误的诱惑，或者受到过那种可以在形式上从地方工会或电影制片厂是西方国家机器一部分的观点（在这种情况下，共产主义候选人的胜利或制作一部激进的电影将被推定为对可分割的国家机器的"局部"进行逐步征服，而这违反了马克思主义的根本信条，即资产阶级国家在政治上是统一的，必然需要一场革命来推翻它）推导出的改良主义推论的诱惑。

---

① "The Capitalist State: A Reply to Nicos Poulantzas," *New Left Review* 59, January—February 1970, p. 59. 不过，肯定不能指责普兰查斯不关心法西斯国家的问题。他的杰出著作 *Fascism and Dictatorship*, London 1974，是当代马克思主义文献中难得一见的结合了理论和经验的典范。虽然保留了当时流行的"意识形态国家机器"的套话，但普兰查斯认为，"这绝不意味着意识形态国家机器的'私人'或'公共'特性不重要"，并试图定义法西斯国家的特殊性，也就是将国家机器的各个分支重组为一个新的、更集中的模式（第305、315—330页）。如果他对后者的解释最终仍然不够充分，那是因为他对法西斯主义性质的一般解释存在某种历史不确定性。在内部，它倾向于淡化无产阶级的阶级威胁（认为在意大利和德国，工人阶级早在法西斯胜利之前就失败了——如果是这样的话，法西斯主义对资产阶级来说就是多余的），而在外部，它忽视了帝国主义之间斗争的动态（完全忽略了第二次世界大战，以及法西斯扩张主义的社会性质和理论基础的决定性启示）。一切对这些决定因素的研究，都将在法西斯国家与资产阶级民主国家之间彻底划清理论界限。不过，考虑到这些不足，普兰查斯作品的范围和质量就更令人赞叹了。

79

二、变体　57

一个具有如此潜在危险的理论实际上却是无害的，原因在于它的灵感来源，它是为适应中国颇为复杂（arcane）的情形而设计的，在西方公开应用缺乏本地的动力。这个论点的真正标志不在于它对工人阶级的政治重要性，而在于它的轻率。

葛兰西的情况自然大不相同。在他关于国家与市民社会之间关系的理论阐述中，没有遥远的政治决定因素起作用。他的文本中的困难和矛盾更多反映了他被监禁造成的障碍。不过，有一个哲学上的决定因素使他倾向于扩张国家的边界。葛兰西并不是凭空提出作为一种政治结构的国家无限扩展的想法，他相当直接地从贝内德托·克罗齐那里借用了这个观点。葛兰西在《狱中札记》中至少四次引用克罗齐的观点，即"国家"是一个更高的实体，不能被等同于纯粹经验的政府，它有时会在看似属于市民社会的机构或领域中得到真正的表达。"克罗齐甚至断言，真正的'国家'，即历史进程中的指导力量，有时并不在通常认为存在的地方，即法定意义上的国家，而是经常存在于'私人'力量中，有时又存在于所谓的革命者中。克罗齐的这个命题对理解他的历史和政治概念非常重要。"① 克罗齐观念的形而上学特征当然是显而易见的：国家具有超自然本质

---

① *QC* III, p. 1302.*QC* II, p. 858; *QC* II, p. 1087; *QC* II, pp. 1223–1224 也引用了同样的观点。葛兰西反对克罗齐对他的论点的过度概括，但葛兰西接受它作为一项原则的有效性。"这个主张对国家—霸权—道德意识理论来说并不矛盾，因为事实上，在某个特定时代，代表一个国家的道德和政治方向的可能不是合法政府，而是一个'私人'组织，甚至是一个革命党。"

（numinous essence），漂浮在单纯的司法或制度的表象之上的观念，是典型的黑格尔遗产，却被西方马克思主义内部坚定的反黑格尔学派再生产了这个观念，别具讽刺意味。

克罗齐思想的这种臆测和反科学的遗产无疑对葛兰西的作品产生了影响，造成了游移不定，其中一个例子是《札记》中的一段文字，葛兰西提出了一个想法，在某些情况下，议会可能根本不是国家的一部分。① 克罗齐式幻想导致的错误方向，在葛兰西著作的所有宣称或暗示国家与市民社会之间界限消失的段落中都是显而易见的。然而，与此同时，值得注意的是，无论在哪里，当葛兰西直接谈到意大利法西斯主义的经验时，他从未误解在两者之间划清界限的意义。因为法西斯主义在实践中恰恰倾向于压制这一边界，一旦政治问题成为首要关切，葛兰西就可以毫无困难地记录历史现实。"随着 1924—1926 年的事件，所有政党都被镇压，"他写道，"此后意大利宣布'实际的国家'（pays réel）与'法定的国家'（pays légal）是合一的，因为所有形式的市民社会现在都被整合到一个单一政党—政治组织的国家中。"② 葛兰西对反革命专政所施加的创新的重要性不抱任何幻想，他也是受害者。"当代的独裁政权甚至在法律上废除了从属阶级的现代自治形式"，他写道，例如"政党、工会、文化协会"，并且"试图将它们纳入国家活动：将所有国民生活

---

① *QC* III, pp. 1707–1708; *SPN*, pp. 253–254.

② *QC* III, p. 2058.

在法律上集中到一个'极权主义'统治集团手中"。① 因此，无论克罗齐对葛兰西文本的影响造成了什么分析错误，都不包括将资本主义国家的法西斯主义形式与议会形式等同起来的偏差。

我们已经指出葛兰西的核心术语使用中的振荡，他从来没有毫不含糊地坚守其中的任何一个。然而，可以这样说，他的国家与市民社会关系的第三个版本——国家等同于（identification）市民社会——提醒人们，他的《狱中札记》并没有对资产阶级民主和法西斯主义进行全面的比较。两者之间的具体差异这个问题，在某种意义上仍然尚未解决，这也是为什么葛兰西作为一个相对落后的欧洲国家警察独裁统治的受害者，却在第二次世界大战之后悖论般地成为论述议会制先进资本主义国家最卓越的理论家的部分原因。正如我们看到的，对任何这类比较分析来说，国家与市民社会之间可操作的区分，都具有尤为紧迫的重要性。葛兰西的第三个版本最终倾向于压制前两个版本的中心理论问题。西方社会形态中国家与市民社会之间不同于沙皇俄国的关系的戈尔迪之结（Gordian knot），是通过专断地宣布国家与社会形态同延（coextensive）的方式解开的。然而，问题仍然存在，葛兰西致力于探究第一个等式的

文本数量更多，证明他的意识丝毫没有减弱。

---

① *QC* III, p. 2287; *SPN*, p. 540.

三、不对称

在西欧资产阶级权力结构中，同意和强制之间的相互关系是什么？尽管葛兰西坚定赞同经典马克思主义关于必须使用暴力推翻资产阶级统治的论断，但他看到，克罗齐对文化、意识形态以及同意的强调，极大增强了历史唯物主义对资产阶级权力结构的分析，马克思主义只有批判和整合克罗齐，才能实现现代更新。然而，葛兰西探索的问题太过陌生和超前，而他使用的理论工具又来自资产阶级理论家克罗齐和马基雅维利，加上狱中写作条件的限制，导致他的理论出现了不经意的滑动，逐渐偏向"同意"的一极，远离了"强制"的一极。

眼下让我们回到《狱中札记》， 可以看出，葛兰西的每个连续版本都从不同角度忽略了一个关键分布，即西方市民社会与国家之间的不对称：强制位于其中之一，同意则位于两者。然而，这个"拓扑"答案本身进一步提出了一个更深层次的问

---

① 必须重申，葛兰西的笔记通常倾向于进行二元分析，而这种二元分析无法充分解释直接发挥维护资产阶级权力作用的经济约束：其中，在某些历史环境下，对失业或解雇的恐惧会在被剥削者中产生"沉默的多数"，即顺从的公民和易于操纵的选民。这种约束既不是同意的信念，也不是强制的暴力。与早期的庇护制或酋长制（patronage or cacique systems）相比，这些约束的重要性确实随着战后西方资产阶级民主的巩固而减弱。然而，在资本主义社会的日常运作中，它们的弱化形式仍然数不胜数。葛兰西的主要分类体系忽视的另一种阶级权力模式是腐败——通过购买而不是说服获得的同意，没有任何意识形态上的加固。当然，葛兰西绝不是没有意识到"经济约束"或"腐败"。例如，他认为美国的政治自由在很大程度上被"经济压力"否定了（QC III, p. 1666）；在第三共和国时期的法国，他指出"在同意和武力之间存在腐败/欺诈"，或者通过贿赂反对派的领导人来消除反对运动，这是在使用武力风险太大的情况下采取的典型手段（QC III, p. 1638; SPN, p. 80n）。不过，他从未将它们系统地嵌入他的主要理论中，从而形成更精细的概念光谱。下面的讨论仅限于葛兰西理论的范围。

题。除了它们的分布以外，在资本主义中枢的资产阶级权力结构中，同意和强制之间的相互关系或联系是什么？资产阶级民主的运作似乎证实了这一观点，即先进资本主义从根本上依靠工人阶级对它的同意。事实上，接受这一观念是"通过议会道路实现社会主义"战略的基石，沿着这一战略，可以根据无产阶级转而信仰社会主义的人数来衡量进展，直至达到算术上的多数，然后议会制的规则使毫无痛苦地建立社会主义成为可能。在西方，资本的权力本质上或完全表现为文化霸权（cultural hegemony）的形式，这个想法是改良主义的经典信条。这是潜伏在葛兰西一些笔记中的无意识诱惑。葛兰西的另一种主张——西方资产阶级的霸权是同意和强制的结合——真的消除了这种想法吗？毫无疑问，这是一种改进，但这两个术语之间的关系不能仅仅通过它们的结合或相加来理解。可是，在葛兰西的框架内，一切都取决于对这种关系的精确校准。到底应该如何从理论上把握这种关系呢？

这里无法给出这个问题的充分答案。要想真正解决这个问题，必须进行历史探究。任何语文学评论或理论裁决都无法解决西方资产阶级权力的难题。只有对 20 世纪主要帝国主义国家的实际政治制度进行直接的实质性的比较考察，才能确定资本统治的真正结构。这里所能尝试的是在葛兰西话语的文本范围内提出某些批判性建议，它们的验证必须遵守科学研究的通常纪律。

为了形成一个初步的回应，我们可以转向葛兰西本人的一句话。他在狱中写的第一本笔记中，捎带提到了"混合斗争的形式"，这些斗争"从根本上讲是军事的且主要是政治的"，同时指出"每场政治斗争总有一个军事基础"。①用"根本"（fundamental）和"主要"（preponderant）这一对矛盾的并列和区分去描述两种斗争形式之间的关系，提供了一个公式，可以更充分地说明先进资本主义国家中资产阶级权力的布置。阿尔都塞学派的传统后来用"决定性"（determinant）和"支配性"（dominant）的区分系统阐述了这种二元性，这个区分并不来自葛兰西，而是来自马克思。在分析当代西方社会形态时，我们可以用"强制"或"镇压"（repression）代替葛兰西的"军事斗争"，作为通过暴力实施的阶级统治模式；用"文化"或"意识形态"代替他的"政治斗争"，作为通过同意获得的阶级统治模式。这样，就有可能捕捉到困扰葛兰西的两个变量之间关系的真实性质。如果我们回到葛兰西最初的问题意识，资产阶级民主国家中资本主义政治权力的正常结构实际上同时不可分割地由文化支配，由强制决定。否认文化在当代资产阶级权力体系中的"主要"或支配角色，就是抹杀西方议会制与俄国绝对主义之间最显著的直接区别，并将前者贬低为神话。事实是，这种文化支配体现在某些无可辩驳的具体制度中：定期选举、公

87

---

① 　*QC* I, p. 123; *SPN*, p. 230.

民自由、集会权——所有这些都存在于西方，没有任何一项直接威胁到资本的阶级权力。① 因此，资产阶级统治的日常体制建立在群众同意的基础上，表现为人民在代议制国家中进行自我统治（self-government）的意识形态信念。然而，与此同时，忘记暴力在当代资本主义权力结构中的"根本"或决定作用，就是倒退回改良主义，幻想获得选举多数就可以利用议会制和平地制定法律确立社会主义。

一个类比可能有助于阐明所讨论的关系，只要牢记它的局限性，任何类比都有局限性。经典的货币体系由两种不同的交换媒介构成：纸币和黄金。② 它不是这两种形式的简单相加，因为日常流通并在正常条件下维持系统的信用发行价值，取决于任何特定时刻银行储备的贵金属数量，尽管贵金属在系统中几乎没有作为交换媒介出现。流通中出现的只有纸币，而不是

① 这些表述有意保持在葛兰西概念的范围之内。它们包含了一个《狱中札记》常见的重大简化——混淆了大众同意资本统治的"文化"和"政治"维度。然而，两者不能直接等同。从来没有哪个资产阶级议会只是宗教教会的世俗幻影。（见上文第 43 页的脚注。）可以说，葛兰西的注意力总是更多倾向于获得群众同意的纯文化机构——教堂、学校、报纸等等——而不是确保资本主义稳定性的专门政治机构，这些机构必然更具复杂性和模糊性。出于上述论证的目的，我们保留了葛兰西关于同意的讨论的不确定特征。

② 塔尔科特·帕森斯（Talcott Parsons），在他身上经常能看到洞察力和混淆的奇妙混合，曾经提出过一种非常不同的权力和金钱之间的比较，他得出了一个独一无二的结论，导致任何这样的类比都变得神秘费解："民主政治制度"可以通过"投票"增加一个社会中无阶级"权力"（classless power）的总量，就像银行系统可以通过"信贷"增加购买力（用他的话说，投票具有"双重职能"，就像银行中的美元一样）。参见 "On the Concept of Political Power," *Proceedings of the American Philosophical Society*, June 1963，重印本见于 *Sociological Theory and Modern Society*, New York 1967。

黄金，但纸币最终还是由黄金决定的，没有黄金，纸币就不再是可靠的货币。此外，危机状况必然会引发整个系统突然回归隐藏在它背后的贵金属：信用崩溃无疑会导致挤兑黄金。① 在政治体系中，意识形态和镇压——同意和强制——之间存在类似的结构性（非简单相加性和非传递性）关系。大众的意识形态服从的正常条件——议会民主制的日常惯例——本身是由一种沉默的、不在场（absent）的力量构成的，这种力量赋予了它们流通性：国家对合法暴力的垄断。失去暴力，文化控制系统将立刻变得脆弱，因为针对它的潜在行动的限制将会消失。② 有了暴力，这个系统就变得非常强大，强大到可以自相矛盾地"没有"暴力：实际上，暴力在系统内通常几乎不会出现。

---

① 或者挤兑更坚挺、黄金兑换率更高的外国货币。

② 这种"限制"突然消失的典型例子，是革命形势下，印刷工人在资产阶级报纸上插入评论和反驳。在俄国和古巴，排字工人在自己负责的版面上将古巴工人所谓的"尾巴"附在那些谎话连篇的文章中，反驳资本主义报刊的宣传。可见，当私有财产的"权利"遭到违抗时，文化控制系统也就迅速土崩瓦解，因为没有稳定的国家镇压机器来维护它们。托洛茨基在他对二月革命后俄国局势的描述中评论了这种结构性关系："小资产阶级社会主义者回答布尔什维克说，财产的力量呢？财产是人与人之间的关系。只要它得到那个被称为法律和国家的强迫系统的普遍承认和支持，它就代表着一种巨人的力量。但当前形势的本质恰恰是旧国家突然崩溃，整个旧的权利体系遭到群众的质疑。在工厂里，工人越来越把自己当成业主（proprietors），把老板当成不速之客。各省的地主更是惶惶不可终日，他们面对的是那些脾气暴躁、复仇心切的农民（muzhiks），由于远离首都，又无法向他们曾经一度相信的政府权力求救。财产所有者被剥夺了使用或保护财产的可能性，不再是真正的财产所有者，而变成了惊慌失措的庸人，他们无法为政府提供任何支持，原因很简单，他们已经自身难保。" *History of the Russian Revolution*, I, p. 197.

在当今最宁静的民主国家，军队可能在军营中隐而不见，警察巡逻执勤似乎也没有遇到争议。这个类比在另一个方面也成立。正如黄金作为纸币的物质基础本身是一种需要大家接受它作为交换媒介的约定一样，镇压作为意识形态的担保本身也取决于那些受过训练去执行它的人的赞同。然而，鉴于这个关键的限制条件，在议会制度中，资产阶级权力的"根本"手段——在文化的"主要"地位之下——仍然是强制。

从历史上看，最关键的一点是，任何革命危机的发展都必然使资产阶级权力结构中的主导因素从意识形态转变为暴力。在最严重的危机中，强制既是决定性的又是支配性的，在一切反对真正建立社会主义的阶级斗争中，军队都会不可避免地占据舞台的前列。在这个意义上，资本主义权力可以视为一个具有"移动"中心的拓扑系统（topological system）：在危机中，资本会发生客观的重新部署，从代议制机器重新集中到镇压机器。当今西方国家这些机构的领导干部主观上可能对这种情景毫无察觉，并不能证明他们在宪法上的中立性，而只能证明这种前景对他们来说显得非常遥远。事实上，先进资本主义国家内部的任何革命危机都必然会不可避免地导致回归权力体系的最终决定因素：武力。这是资本主义不能违反的一条法则，否则就会灭亡。这就是游戏决战阶段的规则。

现在应该清楚了，为什么葛兰西的霸权/领导权（hegemony）概念作为第一个描述西方社会形态未知特性的理论"魔杖",虽然具有很多优点,① 但包含了一个潜在的政治危险。我们已经看到,葛兰西是如何将一个起源于俄国,用来定义资产阶级革命中无产阶级与农民之间关系的词,转而用来描述西欧牢固的资本主义秩序中资产阶级与无产阶级之间关系的。允许这样扩展的共同线索,是霸权/领导权思想中同意的基调。在俄国,这个词指工人阶级赢得对农民的影响力的说服(persuasive)性质,相对于推翻沙皇统治的斗争的强制(coercive)性质,然后葛兰西将它应用于西方资产阶级赢得工人阶级对其统治的各种形式的同意。他对马克思主义的贡献——如此集中地关注了西欧议会制度的同意合法性(consensual legitimacy)这个迄今为止一直被回避的问题——是孤独且重大的。不过,与此同时,霸权/领导权概念的新扩展带来的风险很快在他的著作中显现出来。

在俄国,这个词可以穷尽无产阶级和农民之间的关系,因为这是非敌对阶级之间的联盟,但在意大利或法国,资产阶级和无产阶级之间的关系绝不可能如此,它本质上是一种建立在资本主义生产方式中两个对立位置之上的敌对阶级之间的冲突。换言之,西方的资本主义统治必然包含强制和同意。葛兰西笔记中众多提到两者结合的表述,表明他意识

---

① 本书不得已完全省略了葛兰西狱中思想最伟大的成就——他的知识分子理论,产生了《狱中札记》中最不朽的单一文本。可以说,在这个领域,葛兰西对欧洲社会复杂性的历史探索在马克思主义内部过去和现在都无人可及。

到了这一点。但正如我们看到的，这些笔记从来没有明确或准确地确定镇压和意识形态在先进资本主义权力结构中的位置或相互联系。而且，就葛兰西有时主张同意主要属于市民社会，而市民社会高于国家而言，他允许得出资产阶级权力主要基于同意的结论。在这种形式下，霸权/领导权概念倾向于认可，西方资产阶级权力的支配性（dominant）模式——"文化"——也是决定性（determinant）模式，要么通过抑制后者，要么将两种模式融合在一起。因此，它忽视了最终时刻武力的不可抗辩（unappealable）的作用。

92 　然而，葛兰西对霸权/领导权（hegemony）一词的使用当然并不局限于作为一个社会阶级的资产阶级，他还用它来追踪西方无产阶级的上升路径。这里涉及概念演变中的进一步转变。无产阶级/农民的规范关系被不无道理地等同于文化优势；资产阶级/无产阶级的实际关系当然包括文化优势，尽管不能等同于或者简化为文化优势；但是，能否说无产阶级/资产阶级的关系在任何意义上都预示或保证了文化优势呢？许多葛兰西的钦慕者都这么认为。事实上，人们经常认为，他最具原创性和最有力的单个论点，正是在资本主义社会形态中，工人阶级可以在政治上成为统治阶级之前，就掌握文化领导权。对葛兰西的官方解释，尤其强调了这种前景。然而，通常引用的《狱中札记》的文本并没有下这样的断言。葛兰西在其中写道："一个社会群体对那些它倾向于'清除'或者用武力制服的敌对群体是支配性的，对那些亲近和同盟群体则是指导性的（directive）。在夺取政权（这是夺取权力本身的主要条件之一）之前，一个社会群体可以且必须是指导性的；而后，当它牢牢掌握并行使权力时，它就成为支配性群体，但也继续具有'指导性'。"① 葛兰西在这里小心翼翼地区分了强制敌对阶级和基于共识指导同盟阶级的必要性。在这种语境中，"掌权之前可以且必须行使"的"领导权活动"仅限于工人阶级与其他被剥削、被压迫群体的联盟问题；这不是要求对整个社会或统治阶级本身行使领导权，按其定义，这在现阶段是不可能的。

93

然而，不细心的读者确实可能会因为葛兰西在其他地方对霸权／领导权（hegemony）一词的模糊用法而误解这段话，但葛兰西这里的论述实际上有充足的依据。我们很快就会知道为什么。眼下，重要的是回忆一下熟悉的马克思主义信条：资本主义下的工人阶级注定无法成为文化支配阶级，因为工人阶级被其阶级地位结构性地剥夺了一些基本的文化生产手段（教育、传统、闲暇），相比之下，启蒙运动中的资产阶级，可以在旧制度的框架内生产自己的占优势的文化。不仅如此，甚至在社会主义革命——无产阶级夺取政治权力——之后，资产阶级仍然会在某些方面（不是一切，而且习惯多于思想），在一段时间内（原则上每经过一次革命都会变得更短）继续维

---

① *QC* III, pp. 2010–2011; *SPN*, pp. 57–58.

持文化上的支配地位，正如列宁和托洛茨基在不同语境下强调的那样。① 葛兰西也时而对此有所察觉。② 然而，只要资产阶级在封建社会中的地位与工人阶级在资本主义社会中的地位之间缺乏结构上的对应关系没有被持续注意到，而两者又共同使用霸权/领导权（hegemony）这个词，就始终存在从一边滑动到另一边的理论风险。在他关于雅各宾主义的著作中，资产阶级革命和无产阶级革命时常被混为一谈，表明葛兰西也不能幸免于这种混淆。结果，这样就允许后来将他对霸权/领导权概念的两个扩展联系到一起，并系统阐述成为经典的改良主义三段论。一旦西方资产阶级的权力被主要归因于文化霸权，获得这种霸权意味着工人阶级不必夺取和改造国家政权，就可以获得"指导社会"的权力，从而无痛过渡到社会主义，这正是费边主义的典型观点。当然，葛兰西自己从来没有得出过这个结论。但根据分散在他文本各处的文字，这也不是完全武断的嵌入。

①　Lenin, *Collected Works*, Vol. 28, pp. 252–253; Trotsky, *Literature and Revolution*, Michigan 1966, pp. 184–200.

②　所以，在一个片段中，他认为在文化优势必然缺乏的情况下，工人阶级一开始将不得不过度依赖政治命令，从而产生他所谓的国家崇拜（statolatry）现象。"对一些社会群体来说，在他们上升到自主的国家生活之前，他们没有经历过长时间独立的文化和道德发展（例如在中世纪社会和绝对主义政权下，法律上的特权等级或秩序支持的那种文化和道德发展），一段时间的国家崇拜确实是必要的、合适的。这种'国家崇拜'只不过是'国家生活'的正常形式，或者至少是自主国家生活的起始和'市民社会'的发端，而这些在一个社会群体上升到独立的国家生活之前，都是不可能创建的。" *QC* II, p. 1020; *SPN*, p. 268.

葛兰西是一个曾经在政治上对改良主义抱有坚定不移甚至过分敌意的共产主义激进分子，怎么会留下如此模棱两可的遗产呢？答案必须在他写作的参考框架内寻找。第三国际从列宁创建开始到葛兰西的监禁，其理论和实践充满了暴力在摧毁和建设国家过程中的历史必要性。每一份官方文件都不知疲倦地宣布，无产阶级在武装推翻资产阶级国家机器后实行专政，是共产国际马克思主义的试金石。葛兰西从未质疑过这些原则。相反，当他在监狱中开始他的理论探索时，他似乎认为这些原则是如此地理所当然，以至于很少在文本中直接提到。它们构成了一种熟悉的习得，对一项主要精力致力于探索陌生事物的智识事业来说，不需要再重复。但监狱剥夺了他进行完整写作的可能性，葛兰西对新主题和新思想的执着追求，使他持续面临着暂时忘记旧真理的风险，从而忽视或误解两者之间的关系。构成他作品真正支点的同意（consent）问题，是这一过程的关键点。葛兰西敏锐地意识到，西方大众对资本的制度化同意（institutionalised popular consent to capital）现象对马克思主义理论来说具有新颖性和困难性——迄今为止，共产国际的传统经常逃避或压制这个现象。因此，他把他的全部智慧都集中在这个问题上。在此过程中，他从未打算否定或废除这个传统的经典公理，即只要阶级存在，社会强制在任何重大的历史变革中都不可或缺。用他的一句话来说，他的目标是通过对其中一个方面的探索来"补充"对另一个方面的论述。

95

　　在他对克罗齐的评论中，可以很清晰地看到产生他作品的选择性视角的一系列假设和目标。克罗齐对葛兰西的整个狱中研究的重要性是众所周知的。因此，他对克罗齐的历史研究的评论尤其具有启发性。葛兰西多次明确批评克罗齐单方面拔高了欧洲历史上同意和道德的时刻，同时回避了军事和强制的时刻。"在他最近的两本书《意大利史》和《欧洲史》中，正是那些武力、斗争、苦难的时刻被遗漏了……克罗齐分别从1815年和1871年开始他的叙述，是偶然的，还是有意为之？换句话说，他排除了斗争的时刻，相互冲突的力量形成、集结和部署的时刻，一个社会关系的系统瓦解，另一个社会关系的系统在烈火与钢铁中锻造成型的时刻，一个社会关系的系统解体和衰亡，另一个社会关系的系统出现并巩固的时刻，他只是平静地假定，文化或伦理—政治扩张的时刻就是全部历史，这究竟是偶然的，还是有意为之呢？"①

　　葛兰西对克罗齐唯心主义史学的政治倾向的简要总结表明，他是多么自然地接受了革命马克思主义的经典教义。"伦理—政治史是在国家与市民社会的生活和发展中，霸权、政治指导、同意等时刻的一个武断和机械的位格（hypostasis）。"② 不过，与此同时，葛兰西认为克罗齐是比秦梯利（Giovanni Gentile）更杰出的思想家，秦梯利在他的现实主义（actualism）哲学中主

---

① *QC* II, p. 1316; *QC* II, p. 1227; *SPN*, p. 119.
② *QC* II, p. 1222.

张相反的位格——一种对武力和国家的盲目崇拜。"对秦梯利来说，历史完全是国家的历史。对克罗齐来说，历史不如说是'伦理—政治'的历史，也就是说，克罗齐想要保持市民社会和政治社会、霸权和专政之间的区分；伟大的知识分子行使霸权，而它的前提是自由民主秩序中的某种合作，换句话说，积极和自愿（自由）的同意。秦梯利将经济—社团阶段视为历史行动中的伦理阶段：霸权和专政是无法区分的，武力不用多说就是同意；政治社会无法与市民社会区分开来；只存在国家，且国家自然作为政府国家而存在。"①

事实上，葛兰西赋予克罗齐卓越理论地位的原因，正是克罗齐强调文化的作用和同意的重要性，尽管有所夸大。对葛兰西来说，这代表了历史唯物主义的霸权/领导权学说在哲学上的滥觞或者等价物。"因此，至少应该赞赏，克罗齐的思想具有一种工具价值，可以说，是他大力推动人们关注文化现象和思想现象在历史发展中的重要性，关注主要知识分子在市民社会和国家的有机生活中的功能的重要性，以及一切具体历史集团的必要形式中霸权和同意时刻的重要性。"② 由此，葛兰西甚至将克罗齐与列宁相提并论，二人是霸权/领导权概念的共同创作者："与克罗齐同时，最伟大的现代马克思主义理论家在政治组织和斗争领域以及政治术语上，与各种'经济主义'倾

---

① *QC* II, p. 691; *SPN*, p. 271.
② *QC* II, p. 1235.

向相反，重新评价了霸权／领导权学说对作为强制的国家理论的补充。"①

在他的最终评估中，葛兰西对克罗齐的"伦理政治史"的重要性如此着迷，以至于主张，马克思主义作为一种哲学只有通过批判和整合克罗齐，才能实现现代更新，好比马克思吸收并取代黑格尔。他有一段著名的格言："今天我们有必要像马克思主义的第一批理论家对黑格尔哲学所做的那样，重复对克罗齐哲学的同样还原（reduction）。这是实现马克思主义的充分更新，将其概念——在直接的实际生活中势必被'庸俗化'——提升到能够解决当前斗争发展中更复杂任务所必需的高度唯一在历史上多产的方式。也就是说，创造一种完整的新文化，它将具有新教改革和法国启蒙运动的大众特征，以及希腊文化和意大利文艺复兴的古典特质，用卡尔杜奇（Carducci）的话说，这种文化将综合马克西米连·罗伯斯庇尔和伊曼努尔·康德、政治和哲学，形成一个单一的辩证统一体，它属于一个不仅仅是法国或德国，而且是欧洲的和普遍的社会群体。德国古典哲学的遗产不仅需要被清点，更需要被重新激活。为此，有必要正视克罗齐的哲学。"② 所以，从葛兰西对克罗齐的评论当中的曲折，可以非常准确地追踪他以怎样的方式预先接受了共产国际

---

① *QC* II, p. 1235. 同样的比较，也可参见 *Lettere dal Carcere*, p. 616。
② *QC* II, p. 1223. 在其他地方，葛兰西将克罗齐——"自曼佐尼（Manzoni）以来最伟大的意大利散文作家"——比作歌德，因为他的"宁静、沉着和镇定自若"。*Lettere dal Carcere*, p. 612.

传统的成果，他更愿意探索它相对忽视的东西，最终夸大了没有忽视那些东西的资产阶级传统，而资产阶级传统的弱点他一开始就批评了。

在这些关于克罗齐的文本中清晰可见的思想的不经意移动，导致葛兰西霸权/领导权理论中存在诸多悖论。要理解它们，有必要将葛兰西语词的客观逻辑与他整体的主观政治立场区分开。因为语词的无意识串联会产生与他内心深处的意志深刻矛盾的结果。当然，葛兰西笔记中悄然出现的断裂是由于他无法就他的总体观点写出正常的叙述。在这个意义上，法西斯审查制度虽然没有阻止他的研究，但给他的研究造成了不可否认的损失。在整个监禁期间，葛兰西一直在与西方先进资本主义社会中强制与同意之间的关系缠斗。但是因为他始终无法提出关于两者的统一理论，这必然要求直接并全面地考察资产阶级权力错综复杂的制度模式，无论是议会制变体还是法西斯主义变体，于是，一个无意识的清单逐渐偏向同意的一极，远离了强制的一极。

葛兰西作品中的概念滑动可以与他著名的先辈以及在监狱中的灵感来源进行比较。葛兰西从马基雅维利那里汲取了许多主题，而马基雅维利也分析了半人马兽的双重形式——半人半兽——象征统治人类所需的强迫和同意的混合体。然而，在马基雅维利的作品中，滑动的方向恰好相反。表面上关注"武器"和"法律"、强制和同意，他的实际话语不可阻挡地滑向"武力"和"欺诈",换句话说,权力的动物成分。① 结果,后人那些宣扬镇压的言论被称为马基雅维利主义。葛兰西采用马基雅维利的半人马神话作为他的研究的标志性箴言,但马基雅维利实际上将同意压缩进强制,而在葛兰西那里,强制却逐渐被同意遮蔽。在这个意义上,《君主论》和《现代君主论》是彼此的哈哈镜,两者的缺点之间存在颠倒的对应关系。

我们现在可以回想一下《狱中札记》中著名的东西方比较,我们就是从那里开始的。葛兰西根据东西方国家和市民社会的相对位置来对比两者。在俄国,国家是"一切",而市民社会则是"原始和混沌的"。相反,在西欧,国家只是"外层壕沟",而市民社会则是一个"强大的堡垒和工事系统",它复杂的结构可以为国家抵御重大的政治或经济危机的震荡。葛兰西的这些文本试图捕捉在俄国和西方进行社会主义革命的战略差异,使他与同时代人分道扬镳。十月革命刚一结束,中欧和西欧的许多社会主义者就察觉到,他们必须进行战斗的当地条件与俄国的情况相去甚远,他们一开始就这么说。② 然而,没有人为当时欧洲工人阶级历史经验中的重大歧异提供任何连贯的分析或严

---

① 关于马基雅维利思想的滑动结构及其与意大利文艺复兴时期政治环境的关系的分析,请参见 Lineages of the Absolute State, pp. 163–168。葛兰西政治理论的二元性特征直接来自马基雅维利,对马基雅维利来说,"武器"和"法律"自然穷尽了权力的全部性质——比欧洲经济理论的出现早了两个世纪,比历史唯物主义的问世早了三个世纪。葛兰西回归文艺复兴时期的唯意志论(voluntarist)范畴,必然会绕过经济约束的问题。

② 卢卡奇与赫尔曼·高特(Herman Gorter)就是其中的典型例子。

肃的解释。到 20 年代末，俄国与西方的对比问题实际上已经从马克思主义辩论中消失了。随着共产国际的斯大林化以及官方列宁主义在共产国际内部的制度化，苏联的榜样成为整个欧洲激进派在所有革命理论和实践问题上的强制性范式。在 30 年代失败的低谷，葛兰西在共产党人中是独一无二的，他坚持认为不能在西方简单复制俄国的经验，并试图理解其中的原因。迄今为止，欧洲工人阶级运动中没有其他思想家如此深入或集中地探讨西方社会主义革命的特殊性问题。

然而，尽管葛兰西的研究充满了热情和原创性，但他从未成功提出充分的关于东西方之间区别的马克思主义解释。最终，罗盘本身的图像被证明是一个陷阱。因为根据定义，仅仅就地理上的对立而言，东方与西方之间的可比性无疑不成问题。不过，转场到社会形态，就暗示了一些绝不能想当然的东西：两者之间存在直接的历史可比性。换言之，东方和西方这两个术语假定分界线两侧的社会形态存在于相同的时间性（temporality）之中，因此可以作为同一范畴的变体相互对比。正是这个未言明的预设隐藏在葛兰西札记的核心文本背后。他对俄国和西欧的整个对比都围绕两个地区的国家与市民社会之间关系的差异而展开：其未经检验的前提是，两者的国家都是同一类型的对象。但正是这个假设需要接受质疑。

事实上，在葛兰西建立简单区分的东方与西方之间，一开始就不存在葛兰西寻求的那种统一性。就其性质和结构而言，尼古拉二世的沙皇制度是封建国家的一个特殊的"东方"变体，它的西方对应物——法国或英国、西班牙或瑞典的绝对君主制——在几个世纪以前就已经消亡了。① 换言之，俄国和西方国家之间的持续比较是一种逻辑谬误（paralogism），除非指明各自不同的历史时间。因此，对欧洲封建制度不平衡发展的前置理解，是从马克思主义角度定义沙皇国家的必要前提，沙皇国家最终被第一次社会主义革命摧毁。只有这样，才能产生绝对主义的理论概念，使社会主义激进分子看清俄国专制国家与他们在西方面对的资本主义国家（它的理论概念必须另行建构）之间的巨大鸿沟。

经过一系列复杂的资产阶级革命，它的最后一幕不过是19世纪晚期的事，在西欧、北美和日本逐渐出现的代议制国家，当布尔什维克革命发生时，对马克思主义者来说仍然是一个很大程度上未知的政治对象。在第三国际早期，十月革命的光芒，使俄国以外的许多革命者完全看不清他们本民族敌人的本质。那些保持清醒的人，一开始试图通过唤起东西方之间的差异，在不放弃对俄国革命事业忠诚的情况下适应他们本地的现实。他们很快就放弃了这个念头。葛兰西孤身一人，在与共产国际隔绝的情况下，再次走上了这条路，并在狱中以无与伦比的勇气进行探索。但只要假设东西方条件的共时性（simultaneity），

---

① 详细的讨论，参见 Lineages of the Absolutist State, pp. 345–360。

差异的难题终究是无法解决的。未能对俄国和西方各自的国家类型和权力结构进行有针对性的比较分析，绝不是葛兰西独有的问题。在大陆分界的另一端，也没有哪位布尔什维克领导人成功地发展出一个连贯的理论。沙皇国家和西方国家从相反的两端迎头躲开了彼此之间的真正对比。列宁从未误解沙皇制度的阶级特征：他总是明确反对孟什维克对手，坚持认为俄国的专制主义实际上是一个封建的国家机器。[①] 然而，他也从未充分或系统地对比西方的议会制国家与东方的专制国家。在他的著作中，找不到直接分析资产阶级民主的理论。另一方面，葛兰西强烈意识到西方资本主义国家的新颖性，无论作为马克思主义分析的对象和马克思主义战略的对手，还是它的正常运作必需的代议制度。然而，他从来没有意识到，他与之对比的专制主义俄国是一个封建国家，一个完全不同的政治秩序。在列宁与葛兰西思想之间的无人地带，革命社会主义错过了一个对它在欧洲的未来至关重要的理论交汇点。

就葛兰西而言，他未能理解"统一——区分"的地理形态掩盖了背后的历史脱节，这对他的西方资产阶级权力理论产生了决定性的影响。正如我们看到的，葛兰西一直意识到这种权力的双重特征，但他从未成功地赋予它一个稳定的表述。因此，他区分东方与西方的所有段落都存在同样的缺陷，它们的最终

---

① Lenin, *Collected Works*, Vol. 17, pp. 114–115, 146, 153, 187, 233–241; Vol. 18, pp. 70–77; Vol. 24, p. 44.

逻辑总是倾向于回归到西方"霸权"（同意）与东方"专政"（强制）之间的简单对立：议会制 vs. 沙皇制。在沙皇俄国，一个不给市民社会留下自治权的国家里，"没有合法的政治自由，也没有任何宗教自由"。① 相比之下，在共和制法国，"议会体制通过永久组织化的同意（organised consent）进行统治"，其中"同意的组织交给私人倡议，以一种或另一种方式'自愿'给出，因此在性质上是道德的或伦理的"，从而"实现了城市阶级对全体人口的持久霸权"。② 葛兰西对立命题的弱点，与其说是高估了沙皇国家在俄国社会形态中的作用这一意识形态主张——当然就算不像葛兰西说的掌控"一切"那么绝对，沙皇国家的作用也肯定比同时代的任何西方国家广泛得多，不如说是低估了西方国家军队和警察等镇压机器的特殊性和稳定性，以及它与选举权和议会等代议机器的功能关系。

奇怪的是，不是葛兰西，而是他的同志和对手阿马迪奥·波尔迪加（Amadeo Bordiga）指出了东西方区别的真正本质，尽管他从未将其理论化为任何有说服力的政治实践。在1926年2月至3月举行的命运攸关的共产国际执行委员会第六次全体会议上，此时在自己党内被孤立和怀疑的波尔迪加最后一次面对斯大林和布哈林。他在全体会议上发表了精彩的演讲，他说：

---

① *QC* III, p. 1666.

② *QC* III, p. 1636; *SPN*, p. 80n.

在共产国际，我们只有一个取得革命胜利的政党——布尔什维克党。他们说，因此我们应该走俄国政党取得成功的道路。这是完全正确的，但仍然不够。事实是，俄国政党是在特殊条件下作战的，是在一个资产阶级—自由主义革命尚未完成、封建贵族尚未被资本主义资产阶级打败的国家。从封建专制制度垮台到工人阶级夺取政权之间的时间太短了，不能与无产阶级在其他国家必须完成的发展历程相提并论，因为没有时间在沙皇封建机器的废墟上建立资产阶级国家机器。俄国的发展并没有给我们提供无产阶级如何推翻已经存在许多年并具有自卫能力的自由—议会资本主义国家的经验。然而，我们必须知道如何攻击一个现代资产阶级民主国家，它一方面有自己的意识形态动员和腐化无产阶级的手段，另一方面可以在武装斗争中比沙皇专制制度更有效地保卫自己。这个问题在俄国共产党的历史上从来没有出现过。①

在这里，俄国与西方之间的真正对立才清晰而明确地显

---

① *Protokoll der Erweiterten Exekutive der Kommunistischen Internationale*, February–March 1926, Hamburg 1926, p. 126. 请注意，1926 年 3 月 13 日《国际通讯》（*Correspondance Internationale*）刊登的这篇演讲的法语版本遭到大量删减。波尔迪加继续雄辩地控诉了当时第三国际正在进行的蛊惑人心的工运中心主义（ouvrierism）宣传和组织审查。

现出来：封建专制 vs. 资产阶级民主。波尔迪加的表述十分精确，抓住了资本主义国家的关键双重特征：它比沙皇国家更强大，因为它不仅拥有大众的同意，而且还拥有优越的镇压机器。换句话说，决定国家在权力结构中的位置（葛兰西在其他地方称之为"国家崇拜"［statolatry］）的不仅仅是国家的"范围"（extent），还有功效（efficacy）。现代资本主义国家的镇压机器

106 天然优于沙皇国家，原因有二。首先，西方社会形态在工业上要先进得多，而这种技术先进性会体现在暴力机器上。其次，大众通常同意国家的统治，相信他们自己在统治这个国家。因此，与衰退中的沙皇政权相比，现代资本主义国家在实施镇压时拥有更为可靠的大众合法性，这体现在军队和警察的纪律和忠诚度都更高——在法律上，他们不是不负责任的独裁者的鹰犬，而是选举产生的议会的公仆。西方资本主义国家权力的关

107 键就在于这种联合优势。

四、语境

葛兰西给出的西方革命胜利的秘诀是"阵地战"。要理解这一点，就必须回到当时的语境。1921年3月，德国共产党的"三月行动"遭到惨败。在葛兰西看来，"三月行动"是一场运动战，而它的命运表明必须修正这种冒险主义的革命策略。到了1924年，面对更加激进的共产国际第三时期路线，葛兰西诉诸共产国际否定德共的冒险主义后提出的统一战线策略，他认为统一战线策略更接近阵地战。葛兰西不知道的是，他的阵地战策略很类似于考茨基在与卢森堡的辩论中提出的"消耗战略"。卢森堡指出，考茨基的消耗战略不过是向选举主义和议会改良主义投降的托词。而对二人都非常喜欢借用的军事理论的真正准确的分析，实际上来自托洛茨基。

综上，我们现在可以回顾一下葛兰西的战略学说，换言之，他从西方资产阶级统治性质的理论分析中推导出的政治观点。他在监狱中试图为工人阶级运动重建的资本主义霸权的形态学，到底提供了什么经验教训？对西方无产阶级的革命战略来说，资产阶级国家问题的政治症结是什么？葛兰西作为理论家和斗士，从未区分两者。正如我们所见，他给出的西方革命胜利的秘诀是"阵地战"。这个公式的真正含义和效果是什么？

　　要理解葛兰西的战略理论，有必要重新追溯欧洲工人运动中决定性的原始论战，葛兰西的战略理论就是对此争论的一种隐秘的、不足为外人道的回应。随着俄国革命的胜利，以及中欧的霍亨索伦帝国和哈布斯堡帝国的瓦解，德国的主要共产主义理论家开始相信，第一次世界大战之后，无产阶级夺取政权在每个帝国主义国家都是当务之急，因为世界现在已经明确

109

进入了社会主义革命的历史时代。流亡的匈牙利共产党领导人格奥尔格·卢卡奇在维也纳发表的德语理论评论《共产主义》（*Kommunismus*）最充分、最有力地表达了这一信念。对卢卡奇来说，现在有一种"无产阶级革命的普遍现实"，这是由资本主义发展的总体阶段决定的，今后资本主义将陷入致命的危机。

> 这意味着，革命的现实不再只是笼罩在自我解放的工人阶级之上的世界历史视野，革命已经提上日程……革命的现实奠定了整个时代的基调。①

历史时代和历史形势的理论概念之间的这种融合，或者说混淆，使卢卡奇和德国共产党中的杰出同事，如塔尔海默（Thalheimer）和弗洛里希（Frölich），通过抽象地肯定时代本身的革命特征，而忽视了革命形势的具体前提条件问题。在这个前提下，他们继续主张一种新颖的策略："局部行动"（Teilaktion），即针对资本主义国家的"部分"武装行动。

在第二国际中，伯恩施坦和其他思想家一直主张通过议会改革来"部分"改善资本主义的可能性，从而在渐进的演变过程中最终和平实现社会主义。幻想可以通过连续的局部措施来分割或实现资本主义国家的内在统一性，慢慢改变其阶级特征，一直是

---

① Georg Lukács, *Lenin*, London 1970, p. 12.

改良主义的传统特质。然而，现在第三国际出现了同一个错误的冒险主义版本。在1920—1921年间，塔尔海默、弗洛里希、卢卡奇以及其他人将盲动主义（putschist）的"局部行动"发展成对资产阶级国家发动一系列范围有限，但节奏持续不断的武装攻击的理论。用《共产主义》的话说："当前革命时期的主要特征在于，我们现在被迫甚至连局部战斗，包括经济上的战斗，也不得不采取最后决战的手段"，首先是"武装起义"。①

这就是"革命攻势"（revolutionary offensive）理论。由于这是一个革命的时代，唯一正确的策略是进攻策略，对资本主义国家发动一系列反复的武装打击。就算工人阶级没有立刻产生革命情绪，也应该发动：它们恰恰有助于从改良主义的麻木中"唤醒"无产阶级。卢卡奇为这些冒险提供了最精妙的理由。他认为，局部行动与其说是"共产党夺取国家政权的组织措施"，不如说是"德共为了克服无产阶级的意识形态危机和孟什维克的死气沉沉状态以及革命发展的停滞而采取的自主和积极的举措"。② 对卢卡奇来说，局部行动的合理性不在于客观目标，而在于它们对工人阶级意识的主观影响。"如果革命发展不想冒停滞的风险，就必须找到另一种结局：德共的进攻行动。进攻意

---

① "Der Krise der Kommunistischen Internationale und der Dritte Kongress," Editorial in *Kommunismus*, 15 June 1921, p. 691.

② "Spontaneität der Massen, Aktivität der Partei," *Die Internationale*, III 8, 1921, pp. 213–214. 英文文本参见 Georg Lukács, *Political Writings 1919–1929*, London 1972, p. 102。

味着：党在正确的时刻以正确的口号采取独立行动，将无产阶级群众从惰性中唤醒，通过行动（换句话说，在组织上，而不仅仅是在意识形态上）使他们从孟什维克的领导下挣脱出来，从而以行动之剑斩断无产阶级意识形态危机之结。"①

　　事件本身的教训很快就宣判了这些宣言的命运。对资本主义国家权力整体统一性的彻底误解，以及反对资本主义国家的起义必然是全赢或全输的性质，自然导致了德国中部的灾难。1921年3月，德国共产党对普鲁士州政府发起了大肆吹嘘的进攻，却陷入准备不周的陷阱，攻击了已经预先占领曼斯费尔德-梅泽堡（Mansfeld-Merseburg）地区的警察。在缺乏任何自发的工人阶级抵抗的情况下，德共绝望地采取了旨在挑起警察轰炸的爆破行动；紧接着是夺取工厂和巷战；游击队四处游荡，在乡村进行无组织的突袭行动中丧失了纪律。德共武装分子与动员起来镇压他们的警察和国防军部队在德国中部发生了一个星期的激烈战斗。结果已成定局。投入对抗的先锋队孤立于德国无产阶级的其余部分，由于行动的武断而感到困惑和错位，面对在梅泽堡-哈雷（Merseburg-Halle）地区结集的德国国防军而无助地寡不敌众，被全力以赴的军队击溃。三月行动（the March Action）之后，一场猛烈的镇压浪潮接踵而至。大约4000名武装分子被判入狱，德共在普鲁士萨克森州也走向消

112

---

① "Spontaneität der Massen, Aktivität der Partei," p. 215; *Political Writings*, p. 104.

亡。不仅夺取国家政权的目标从未实现，而且在主观上对德国工人阶级和德国共产党本身造成了灾难性的影响。三月行动不仅没有将无产阶级从"孟什维克的死气沉沉状态"中唤醒，反而使他们士气低落，理想幻灭。梅泽堡矿区这个先锋区域，重新堕落成非政治性的落后（apolitical backwardness）荒漠。更糟糕的是，德共此后再也没有重新获得广大德国无产阶级的信任。在三月攻势之前，它的成员有 350000 人，但在灾难发生后的几周内，它的人数就锐减到一半。在魏玛共和国，它再也没有达到同等的实力水平。

1921 年德共的冒险主义遭到共产国际第三次世界大会的谴责。列宁给德共写了一封著名的信，推翻了它的理由。托洛茨基斥责了整个局部行动理论："仅仅基于资本主义经济持续衰退的事实，产生了一种纯粹机械的无产阶级革命观念，导致某些同志提出了错误透顶的理论：少数先驱者通过自己的英雄主义打破无产阶级'普遍消极之墙'的错误理论，无产阶级先锋队发动不间断攻势的斗争'新方法'的错误理论，运用武装起义等方法进行局部战斗的错误理论。这些错误理论最典型的代表是在维也纳出版的杂志《共产主义》（*Kommunismus*）。显而易见，这类战术理论与马克思主义毫无瓜葛。在实践中应用它们，正中资产阶级军事—政治领导人及其战略的下怀。"[1] 列宁和托洛

113

---

[1] Trotsky, "The Main Lessons of the Third Congress," in *The First Five Years of the Communist International*, I, New York 1945, pp. 295–296.

茨基在共产国际第三次世界代表大会上一道对局部行动理论进行了坚决斗争，共产国际不顾德国代表的反对，正式否定了它。

在这种背景下，现在可以重新考察后来葛兰西将西方革命战略的特殊性定义为"阵地战"的尝试。在葛兰西看来，三月行动是一场"运动战"，而他的公式则表达了他认为三月行动失败后必要的政治修正。他对两个阶段的日期界定精确且毫不含糊："当今时代，1917 年 3 月至 1921 年 3 月在政治上是运动战，随后则是阵地战。"① 应该记住，运动战与阵地战的对比来自对第一次世界大战的类比。葛兰西写道，在俄国，革命可以对国家发起快速机动的突击，并以极快的速度推翻它，而在工业化的西方，这种起义策略却会失败，就像沙俄军队在加利西亚的战役中的表现。"我觉得，列宁明白，有必要从 1917 年在东方取得胜利的运动战转变为在西方唯一可行的阵地战。正如克拉斯诺夫观察到的，在西方，军队可以迅速囤积无穷无尽的弹药，而且社会结构本身也能变成全副武装的工事。我觉得，这就是'统一战线'（united front）公式的意思。"②

114　　　葛兰西明确将"统一战线"等同于"阵地战"，立刻变得清晰起来，否则会令人费解。统一战线是共产国际在第三次世界代表大会谴责了德共倡导的"进攻理论"——一种运动战——之后采取的政治路线。统一战线的战略目标是通过耐心地组织和

---

① *QC* II, p. 1229; *SPN*, p. 120.
② *QC* II, p. 866; *SPN*, p. 237.

巧妙地鼓动工人阶级在行动中团结一致，从而争取西方群众接受革命马克思主义。列宁提出了1921年共产国际代表大会的闭幕口号"到群众中去"，明确强调了它对适应西欧国家的差异化战略的重要性，与俄国的战略形成了鲜明对比。在7月1日的讲话中，他回应了葛兰西自己的党意大利共产党的代表特拉奇尼（Terracini），他的讲话正是针对这一主题。"我们在俄国取得了胜利，不仅因为工人阶级中无可争议的大多数（在1917年选举期间，绝大多数工人与我们一道反对孟什维克）站在我们这边，还因为在我们夺取政权之后的几个星期内，半数的军队和十分之九的农民都来到了我们这边；我们之所以胜利，是因为我们采取的不是我们自己的土地纲领，而是社会革命党人的土地纲领并付诸实施。我们的胜利在于我们执行了社会革命党的纲领。这就是为什么这场胜利如此轻松。难道你们在西方也抱有这样的幻想（这场革命是可重复的）？太荒谬了。只要比较一下经济条件！……我们是俄国的一个小党，但我们还拥有全国大多数工农代表苏维埃。你们哪里有呢？我们有将近一半的军队，至少有1000万人。你们真的有大部分军队的支持吗？说出一个这样的国家让我见识一下！……你能指出任何一个在几个星期内就可以赢得大多数农民的欧洲国家吗？也许是意大利？（笑）"①

---

① Lenin, *Collected Works*, Vol. 32, pp. 474–475, 471, 474.

列宁接着强调，在西方，要想成功夺取权力，必须先赢得群众的绝对必要性。这不一定要求建立一个庞大的政党，它意味着，革命只能与群众一道，由群众自己进行，而在极其艰苦的斗争准备阶段，先锋队必须使群众确信革命的目标。"我当然不否认，革命可以由一个很小的政党发动并取得胜利。但我们必须知道将群众争取到我们这边的方法……绝对多数并不总是必要的；但为了胜利和保持权力，重要的不仅仅是大多数工人阶级——我在西欧意义上使用工人阶级这个词，即工业无产阶级——而且还包括大多数劳动和被剥削的人口。你有没有考虑过这一点？"①

因此，葛兰西认为列宁在 1921 年提出统一战线政策是为了解决西欧革命战略的具体问题，是正确的。当然，当时葛兰西本人连同几乎整个意共领导层都顽固地拒绝在意大利执行统一战线策略，结果法西斯主义得以战胜分裂的工人阶级，取得胜利。从 1921 年到 1924 年，共产国际认真地试图在意大利对意大利社会党的最高纲领派执行统一战线策略，波尔迪加和葛兰西都拒绝了，抵制共产国际的路线。到 1924 年葛兰西担任党的领导人，并奉行忠于共产国际的政策时，法西斯主义已经上台，而共产国际本身也变了天，在很大程度上放弃了统一战线策略。因此，葛兰西在 30 年代的《狱中札记》中坚持"统一战线"概

---

① Lenin, *Collected Works*, Vol. 32, p. 476.

念并不代表他对政治过往的延续，相反，它标志着葛兰西回溯性地与过去的政治路线决裂。

正是共产国际当时的形势决定了葛兰西在狱中写下的战略文本的性质和方向。1928 年，著名的共产国际第三时期开始了。它的基础是对世界资本主义即将发生灾难性危机的预测，显然不久之后的大萧条证明了这一点。它的纲领包括，法西斯主义和社会民主主义是一丘之貉，警察专政和资产阶级民主也是一回事，分离工会（breakaway trade unions）的必要性，以及有义务对不服从指挥的工人和劳工官员进行肢体战斗。这是"社会法西斯主义""独立工会"（independent unions）和"冲上街头"的时代，左翼社会民主党人被宣布为工人阶级所有敌人中最坏的敌人，纳粹的上台则是对阶级斗争的可喜的澄清。在这些年里，共产国际陷入了极左的狂热，反而衬托得"三月行动"的游击队比较克制。在意大利墨索里尼权力的鼎盛时期，流亡的意共宣布革命形势已经到来，无产阶级专政是唯一可行的直接斗争目标。一同流亡的社会主义者——无论是最高纲领派，还是改良主义者——都被谴责为法西斯主义的代理人。一波又一波的干部被派遣回国，不料却被秘密警察逮捕入狱，但在国外的官方宣传中却宣布他们马到成功。

眼看着大家一股脑冲向灾难，而这也牵扯到他自己的党，葛兰西拒绝了共产国际的官方立场，为了寻找另一条战略路线，他召回了统一战线策略。原因现在很容易看出来：十年前，后

117

者曾回击了那些预示着第三时期的冒险主义反常行为，尽管这些冒险主义行为不如第三时期那么极端。在30年代初那个关头，统一战线对葛兰西来说有了新的意义。确实，可以说是第三时期的疯狂，终于让他明白过来。因此，他在《狱中札记》中对统一战线的强调具有明确的意义。这是一种否定，否定意大利群众已经放弃了社会民主主义和资产阶级民主主义的幻想，正处于反对法西斯主义的革命骚动中，或者可以立即动员起来支持在意大利建立无产阶级专政；同时是一种坚持，坚持必须争取这些群众参与反对法西斯主义的斗争，工人阶级的团结可以而且应该通过共产党人和社会民主党人之间的行动协作来实现，以及法西斯主义的垮台不会自动带来社会主义的胜利，因为总是存在议会制复辟的可能性。换句话说，统一战线意味着在夺取政权提上议程之前，必须在未受宗派主义污染的群众中进行深入且严肃的思想政治工作。

与此同时，葛兰西在监狱中的战略转型超越了亚平宁半岛抵抗法西斯主义的形势需要。在这些年间，他的政治思想的空间视野是整个西欧，而不仅仅是意大利。同样，他的时间参照是1921年之后的整个战后时代，而不仅仅是30年代初的黑暗岁月。为了传达他试图理论化的政治视角变化的幅度，葛兰西提出了"阵地战"的理念。"阵地战"的想法对一个完整的时代和整个社会斗争领域都有效，引起了比共产国际曾经提倡的统一战线策略更广泛的共鸣。然而，正是在葛兰西寻求更好的战略解决方案这个微妙的思想转折点上，却陷入了危险之中。

葛兰西不知道，他有一位杰出的前辈。在一场与罗莎·卢森堡的著名辩论中，卡尔·考茨基曾于 1910 年提出，德国工人阶级在与资本的斗争中应该采取一种"消耗战略"（Ermattungsstrategie/strategy of attrition）。他明确将这个概念与他所谓的"击倒战略"（Niederwerfungsstrategie/strategy of overthrow）进行对比。这些术语并不是考茨基创造的，他从当时威廉德国的学者和军人中进行的关于军事历史的大辩论中借用了这些术语。"消耗战略"与"击倒战略"这对反题的发明者是汉斯·德尔布吕克（Hans Delbrück），他是当时最具原创性的军事历史学家。德尔布吕克 1881 年在柏林大学的就职演讲中首次提出了这两种战争的理论，在演讲中他对比了腓特烈二世和拿破仑的战法——前者是欧洲旧制度下漫长消耗战略的典范，后者则是现代大众军队开创的快速击倒战略的原型。① 这在普鲁士学术界引起了激烈争论，他们觉得德尔布吕克对腓特烈战法的描述简直是侮辱。德尔布吕克在一系列著作中发展了这两种战略的理论，最终形成了他不朽的《政治史框架下的战争艺术史》，梳理了从古代到 20 世

119

---

① Hans Delbrück, *Über den Kampf Napoleons mit dem alten Europa*, 后来扩展成 *Über die Verschiedenheit der Strategie Friedrichs und Napoleons*, Berlin 1881。德尔布吕克理论的遥远灵感来自克劳塞维茨《战争论》（自 1827 年起）第 8 卷的附注，那里克劳塞维茨讨论了"有限目标"的战争案例，从而偏离了他的一般模式，即战争的目标是"打倒"敌人。参见 Clausewitz, *Vom Kriege*, Bonn 1952, pp. 882–906。

纪军事理论和实践的演变。[①] 德国最高统帅部和德国社会民主党都深入研究了这部几卷本的著作。总参谋长施里芬精心策划了针对德尔布吕克理论的军事演习（在他对法国的计划中，最终选择了击倒战略，而不是消耗战略）。1908年，梅林（Mehring）在《新时代》(*Die Neue Zeit*) 上热情地向工人阶级读者推荐德尔布吕克的历史著作，说它是"新世纪资产阶级德国历史写作中最重要的著作"。[②] 在一篇长达一百多页的文章中，梅林阐述了消耗战与击倒战这两种战争艺术的长期有效性。最后，他犀利地指出，德尔布吕克写了一部"在现代工人运动不止具有科学兴趣的领域进行科学研究"的著作。[③]

考茨基随后采取了下一步行动，将德尔布吕克的军事概念纳入无产阶级与资本主义斗争战略的政治辩论中，不过他没有明确承认。他的介入是一个命运攸关的时刻。在社民党推动普鲁士的新封建选举制度民主化的运动中，为了反驳卢森堡采取激进的大规模罢工的要求，考茨基针锋相对提出，德国无产阶级采取更加谨慎的"消耗战"去反对阶级敌人的必要性，而不必冒大规模罢工的风险。因此，两种战略理论——消耗战和击

---

① 前三卷相继出版于1900年、1901年和1907年。第四卷在战后于1920年出版。关于"两种战略"，尤其参见 Vol. 1, pp. 123–127 与 Vol. IV, pp. 333–363。奥托·欣策（Otto Hintze）最有效地批评了德尔布吕克对腓特烈二世军事实践的描述。

② 参见 "Eine Geschichte der Kriegskunst," 现收录于弗朗茨·梅林（Franz Mehring）的军事著作 *Gesammelte Schriften*, Vol. 8, Berlin 1967, 题为 *Kriegsgeschichte und Militärfrage*, p. 135。

③ Ibid., pp. 147–150, 200.

倒战——的引入是第一次世界大战之前，正统德国马克思主义内部分裂的产物。①

"击倒战略—消耗战略"和"运动—阵地战"在形式上的相似性当然令人惊讶。② 不过，在考茨基和葛兰西的文本中，这两对概念实质上的相似性更是如此。为了支持他关于消耗战略优于击倒战略的论点，考茨基提出了与葛兰西讨论阵地战和运动战时完全相同的历史和地理对比。实在太巧了。考茨基也确定，1789 年到 1870 年"击倒战略"（葛兰西："运动战"）占主导地位，巴黎公社失败以后则被"消耗战略"（葛兰西："阵地战"）取代："由于一系列有利情况的巧合，1789—1793 年间，法国的革命者大胆进攻，在几次决定性的打击中成功地推翻了统治政权。这种击倒策略是当时革命阶级唯一可行的策略，在一个绝对主义的警察国家中，不可能建立政党，民众也不可能合宪地对政府施加任何影响。任何消耗战略都会失败，因为政

---

① 考茨基和卢森堡在 1910 年的《新时代》杂志上写了一系列长篇大论进行论战。这些文章按照顺序如下：Kautsky, "Was nun?" 8 April, pp. 35–40, 15 April, pp. 65–80; Luxemburg, "Ermattungoder Kampf?" 27 May, pp. 257–266, 3 July, pp. 291–305; Kautsky, "Eine neueStrategie," 17 June, pp. 364–374, 24 June, pp. 412–421; Luxemburg, "Die Theorie und die Praxis," 22 July, pp. 564–578, 29 July, pp. 626–642; Kautsky, "Zwischen Baden und Luxemburg," 5 August, pp. 652–667; Luxemburg, "Zur Richtıgstellung," 19 August, pp. 756–760; Kautsky, "Schlusswort," 19 August, pp. 760–765. 应该强调的是，考茨基在任何地方都没有将他的分类归功于德尔布吕克，在整个论战中他只是在顺带谈及古代历史时，引用了一次德尔布吕克。因此，卢森堡似乎直到最后都不知道考茨基观点的来源。

② 在第一次世界大战期间，德尔布吕克明确将"消耗战略"（Ermattungsstrategie）等同于"阵地战"（Stellungskrieg）。与施里芬形成鲜明对比的是，他主张德国在西线采取阵地战。

府面对想要联合起来长期抵抗它的反对者，总是会切断他们组织或协调的可能性。当我们党在德国成立时，这种击倒战略仍然盛行。加里波第在意大利取得成功，波兰起义发出耀眼的光芒，哪怕最终失败了，紧接着，就是拉萨尔的鼓动和第一国际的成立。巴黎公社紧随其后。但正是巴黎公社表明，击倒策略的时代已经过去。它适合有一个一家独大的首都，而通信系统又不完善，无法迅速从农村集中大量军队的政治环境；适合那种街道规划和军事装备为街头战斗提供了相当大机会的技术水平。正是那时，革命阶级的新战略奠定了基础，最终恩格斯在他给《法兰西阶级斗争》写的导言中将新战略与旧的革命战略进行了尖锐的对比，而这种新战略可以恰如其分地称为消耗战略。这一战略到目前为止为我们赢得了最耀眼的成功，使无产阶级的力量年复一年地壮大，并使无产阶级越来越靠近欧洲政治的中心。"[1]

这种消耗战略的要点是连续的竞选活动，考茨基满怀希望地声称，这可能会让社民党在次年的帝国议会（Reichstag）中获得多数席位。考茨基否认激进的大规模罢工对德国当时的形势有任何意义，他进一步提出东欧和西欧在地缘政治上应该分开考虑的想法。考茨基写道，在沙皇俄国，没有普选权，没有集会的法律权利，没有新闻自由。在1905年，政府在国内遭到

---

[1] "Was nun?" p. 38. 比较前文第13—14页引用的葛兰西文本。

孤立，军队在国外打了败仗，农民起义遍布辽阔又不协调的帝国疆域。在这种情况下，击倒战略仍然是可能的。因为俄国无产阶级缺乏基本的政治或经济权利，可以无差别地针对政府和雇主发动一场"无组织和原始的"革命总罢工。[①] 然后，俄国的大规模罢工风暴自发升级为与国家的决定性较量。结果，俄国工人阶级奉行的"暴力政策"最终遭到失败。但它的击倒战略是俄国社会的历史落后性的自然产物。

考茨基接着说，"然而，在西欧，特别是在德国，罢工的条件与革命前后的俄国大不相同"。[②] 在西欧，工人人数更多，组织更良好，他们长期以来一直拥有公民自由。他们还面临着更强大的阶级敌人，尤其是在德国，拥有纪律严明的军队和官僚机构。事实上，普鲁士国家机器是当时欧洲最强大的国家机器。工人阶级也比俄国工人阶级更孤立于其他阶级。因此，像1905年在俄国发生的那种汹涌的大规模罢工并不适合西方。"这种示威活动在西欧从未发生过。他们也不可能这样做——不是说尽管有半个世纪的社会主义运动、社会民主组织和政治自由，他们仍然不发动示威，而是恰恰因为有这些，他们才不进行罢工示威。"[③] 在这种情况下，像卢森堡要求的那样，发动大规模罢工以确保普鲁士选举权的改革，只会损害社民党在下一次帝国

---

① "Eine neue Strategie," p. 369.
② Ibid.
③ Ibid., p. 370.

议会选举中的机会。考茨基在形式上并不否认，在阶级斗争的"最后决战"中，西方也需要过渡到击倒战略。但是，大规模罢工这个武器应该留到决定性的交战时刻，那时将分出绝对的胜利与失败。眼下，"初步的小规模战斗不应该使用重炮"。[1] 西方唯一正确的道路是消耗战略，这让人想起古罗马的"拖延者"费边（Fabius Cunctator）。[2]

124 卢森堡立刻把握住了考茨基在两个区域之间进行对比的逻辑，葛兰西在他关于东西方的中心文本中斥责了她的"神秘主义"。[3] 卢森堡与考茨基在这个问题上的争论是两人政治决裂的缘由，比列宁早了四年，列宁直到 1914 年战争爆发时才明白这一点。卢森堡斥责"整个两种战略理论"及其"革命的俄国与议会制的西欧之间的粗糙对比"，[4] 认为这是考茨基拒绝大规模罢工，向选举主义（electoralism）投降的托词。卢森堡拒绝了考茨基对 1905 年俄国革命的描述："俄国工人进行混乱、'无组织和原始'罢工的画面……是一个十足的幻想。"[5] 在欧洲工人阶级中，俄国无产阶级与众不同之处不是政治上的落后，而是先进。"俄国的罢工和大规模罢工，形成了著名的彼得堡工人代表苏维埃这样大胆的创造，以统一领导庞大帝国中的全部运动，远非

---

[1] "Eine neue Strategie," p. 374.

[2] "Was Nun?" pp. 37–38. 考茨基当然知道费边社的存在，但似乎忘记了两者意味深长的重名。

[3] QC III, pp. 1613–1614; SPN, p. 233.

[4] "Die Theorie und die Praxis," p. 576.

[5] Ibid., p. 572.

'无组织和原始的'，在胆略、力量、团结、毅力、物质成就、进步目标以及组织上的成功等方面，完全足以同'西欧的'任何工会运动媲美。"①

卢森堡对考茨基关于普鲁士国家的谨慎评估不屑一顾，反驳说，他为了给自己对普鲁士国家的胆怯找借口，便将普鲁士警察的粗鲁残暴与政治力量混为一谈。考茨基宣称将大规模罢工保留到遥远未来的"最后决战"这种单一的末世事件，只不过是装装样子，他的意图是免除社民党在具体的当下进行严肃斗争的任何承诺，从而满足于最庸俗的机会主义。卢森堡的政治本能使她准确无误地分离出考茨基论点漂移的最终归宿："在实践中，考茨基同志坚持不懈地引导我们走向即将到来的帝国议会选举，那是他的消耗战略的基本支柱。只有从帝国议会选举中，才能获得拯救。它一定会给我们带来压倒性的胜利，会开创一个全新的局面，会立刻'把开启这一伟大历史局面的钥匙放进我们的口袋'。简言之，即将到来的帝国议会选举就像天堂中的小提琴声一样美妙，我们将来凭选票就能够取得的胜利已经是'囊中'之物，如果现在还琢磨什么大规模罢工，那我们的轻率简直就是犯罪。"② 卢森堡自己在这些辩论中的立场并不是完美无瑕的。关于考茨基对俄国国家而非俄国工人阶级的刻画，她没有给出充分的回应，从而回避了俄国国家与当时西方

---

① "Die Theorie und die Praxis," p. 572.
② "Ermattung oder Kampf ?" pp. 294–295.

国家的结构性差异这个真正的问题，考茨基强调这一点并没有错。她也没有在任何地方提出无产阶级夺取权力的精雕细琢的理论——她将大规模罢工视为工人阶级自主性和战斗力的持续锻炼，模糊了反对资本主义国家本身的革命起义必然会超越罢工的水平，不可避免地导致不连续的断裂。① 不过，与她对考茨基理论动态的敏锐洞察力相比，这些局限性是次要的。与列宁对考茨基的迁就态度相比，她对考茨基理论演变的先见之明就更加令人钦佩了。

126

德国社会民主党人内部的辩论在俄国社会民主党人内部有一个富有启发性的续集。几周后，马尔托夫在《新时代》上写了一篇题为《普鲁士辩论和俄国经验》② 的文章。马尔托夫热烈赞同考茨基的总体论点，认为俄国实际上绝不能免于这些论点包含的教训。卢森堡不应该利用 1905 年俄国革命作为她反对德国社民党官方政策的"王牌"，西方的社会主义者也不应该因为俄国例外论的"可憎的特权"（privilegium odiosum）而承认她的说法。俄国的经验目前在各个方面都与整个欧洲的经验相似。一旦俄国在 1905 年与欧洲分道扬镳，结果就是一场灾难。卢森堡吹嘘的经济与政治罢工相结合，是俄国无产阶级的弱点，而

---

① 当然，卢森堡总是断言实现社会主义需要无产阶级起义，但她倾向于将无产阶级起义融入更广泛的工人阶级战斗浪潮中，从而模糊了它的不可通约性（incommensurability）。

② L. Martov, "Die preussische Diskussion und die russische Erfahrung," *Die Neue Zeit*, 16 September 1910, pp. 907–919.

不是强项。莫斯科起义是"人为"推动与国家发生"决定性冲突"的运动导致的灾难性结果。考茨基的睿智当时在俄国无人知晓:"没有人想到'消耗战略'的想法。"然而,在1905年极端主义失败之后,俄国工人运动有责任采取消耗战略。"无产阶级必须努力,不仅要斗争,而且要胜利。"①

马尔托夫迅速利用考茨基的论点为孟什维克在俄国的政策辩护,这不出所料引起了波兰布尔什维克马尔赫莱夫斯基(Marchlewski)在《新时代》上的回应。马尔赫莱夫斯基的回应似乎抢先列宁一步,后者在考茨基接受了前者的一篇关于同一主题的文章后就停止了起草草稿。不过,列宁写信给马尔赫莱夫斯基,建议将草稿纳入他对马尔托夫的答复中,其中大部分都被吸收进发表的文本中。这两份文件非常有趣。马尔赫莱夫斯基的证明义务是,与马尔托夫的歪曲恰好相反,俄国布尔什维克从未偏离考茨基教导的逻辑。相反,马尔赫莱夫斯基写道:"列宁的建议——如果你愿意的话——同考茨基的建议是一样的:在适当的时候适当地应用'击倒战略'和'消耗战略'。"②眼下,在1905年革命后的漫长沙皇反动期间,正是实行消耗战略的时候。俄国社会民主党现在必须"学会说德语"。

与此同时,列宁本人在给马尔赫莱夫斯基的信中,支持考

---

① L. Martov, "Die preussische Diskussion und die russische Erfahrung," *Die Neue Zeit*, 16 September 1910, pp. 907, 913, 919.

② J. Karsky(Marchlewski), "Ein Missverstandnis," *Die Neue Zeit*, 28 October 1910, p. 102.

茨基在与卢森堡的论战中主张的最终不妥协的观点是有效的，甚至在马尔托夫迅速借用考茨基的观点为俄国孟什维主义辩护时，他强调重申了这些观点。"罗莎·卢森堡与考茨基争论德国是否已经到了实行击倒战略的时刻，考茨基直截了当地说，他认为这一时刻不可避免并且即将到来，但尚未到来……所有的孟什维克都抓住罗莎·卢森堡与考茨基的争论，宣布考茨基是'孟什维克'。马尔托夫竭尽全力用一些可悲的小把戏，企图加深罗莎·卢森堡与卡尔·考茨基之间的分歧。这些卑鄙的伎俩不可能成功。革命的社会民主党人可能会争论击倒战略在德国的时机，但不会争论它在 1905 年的俄国是否适用。"①

这与卢森堡形成鲜明的对比。卢森堡立刻意识到考茨基论点的真正效果是给改良主义提供了巧妙的辩护。她对这些论点的强烈谴责，在两人之间的论战结束之际得到了证明。卢森堡将考茨基的理论描绘成她所谓的"无非是议会主义"（Nichtsalsparlimentarismus），最终得到了考茨基本人在他其中一篇最终答辩中的大量文字的证实，用一个经典表述，即所谓社会民主主义的"防御条款"总结了他的立场："一个国家的宪法越民主，大规模罢工的条件就越少，对广大群众来说，这种罢工也就越不必要，因此发生的频率也就越低。在无产阶级

---

① Lenin, *Collected Works*, Vol. 34, pp. 427–428. 列宁愤怒地说，马尔托夫"'引申'（搞砸）了考茨基的观点"，否认击倒战略适用于 1905 年的俄国（第 427 页）。实际上，考茨基对俄国无产阶级在 1905—1906 年实施的他所谓"暴力政策"的评论，表明他对此缺乏热情。所以，马尔托夫的解读并不算离谱。

拥有足够选举权的情况下，大规模罢工只能作为一种防御措施——作为保护投票权或者社会民主党在其中拥有强大代表权的议会的手段，以对抗拒绝服从人民的代表的意志的政府。"[1]

30 年代，葛兰西身陷囹圄与外界隔绝，当他努力打造概念以抵制共产国际内部的冒险主义复兴时，并不知道以上先例。正是在这样的语境下，他提出了一个形式上类似于考茨基的概念（消耗战略/阵地战），却没有看到它蕴藏的危险。正如我们所见，葛兰西的"阵地战"意在回应遭到共产国际谴责的塔尔海默和卢卡奇的"运动战"，他相信自己的回应符合共产国际代表大会的精神。局部行动理论的错误已经讨论过了。不过，葛兰西的公式完全纠正了这些错误吗？我们将会看到，他所做的实际上是颠倒了提出问题的方式。在葛兰西的描述中，革命战略变成了两个位置固定的阵营之间长期、静止的堑壕战，每个阵营都试图在文化和政治上打击对方。葛兰西写道："包围是相互的，集中，艰难，需要非凡的耐心和创造力等品质。"[2]毫无疑问，根据这种观点，冒险主义的危险消失了，它极其强调斗争的中心目标是群众的意识形态忠诚，这个目标只有在工人阶级内部建立统一战线才能实现。但起义阶段本身——对马克思或

---

[1] "Zwischen Baden und Luxemburg," p. 665. 限于篇幅，这里无法详细讨论"防御条款"的历史——它现在已经成为第三国际继承人们在官方文件中的标准立场。可以说，它是第二国际经典政党的共同遗产。倍倍尔、图拉蒂（Turati）和鲍尔（Bauer）就此分别在德国社会民主党、意大利社会党和奥地利社会民主党（OSPD）的党代表大会上发表了重要讲话。

[2] *QC* II, p. 802; *SPN*, p. 239.

列宁来说与无产阶级革命密不可分的冲击和破坏国家机器，又会发生什么变化呢？葛兰西从未放弃经典马克思主义关于最终需要使用暴力夺取国家权力的基本信条，但他的西方战略方案未能整合这些信条。在任何马克思主义战略中，将"阵地战"与"运动战"简单对立起来，最终变成了改良主义与冒险主义之间的对立。

对这种判断，肯定会有人立刻提出异议。为什么葛兰西不打算将"阵地战"战略作为对阶级敌人进行最后的"运动战"之前的准备呢？换言之，他事实上是否没有主张列宁错误地归因于考茨基的一个论点——"从'消耗战略'过渡到'击倒战略'"的必要性，而这种过渡在"革命达到最高强度"的政治危机时期是"不可避免的"？① 在这个框架中，葛兰西的阵地战对应于革命政党试图在意识形态上赢得群众（一致同意地）支持社会主义事业的阶段，然后是在政治上领导他们最终（强制）反抗资产阶级国家的阶段。"领导权"（hegemony）在市民社会内部行使，以形成被剥削者的阶级集团，而"专政"针对剥削者，以强行摧毁维护他们统治的国家机器。

这种解释符合历史唯物主义的经典原则。然而，在全部2000页的《狱中札记》中，只有一个轻描淡写的句子看起来

---

① Lenin, *Collected Works*, Vol. 16, p. 383. 这篇文章包含了列宁起草并准备在《新时代》上发表的正式答复，回应马尔托夫对考茨基"消耗战略"的运用。写作期间他写信给马尔赫莱夫斯基。但这篇文章被考茨基拒绝了，从未在德国发表。

符合历史唯物主义。即便这个句子，也是隐晦且模糊不清的。在我们经常引用的比较东西方的长篇段落的结尾，葛兰西写了一个简短的附注——战后被他的编辑无缘无故地删除了。"修正当前战术方法的其中一种尝试，也许是托洛茨基在第四次世界大会上对东方和西方战线进行比较时提出的。前者很快陷落，但空前的斗争接踵而至；在后者的情况下，斗争会提前发生。因此，问题是，市民社会究竟是在试图夺取政权之前还是之后进行抵抗；以及后者会在哪里发生，等等。然而，这个问题只是以一种出色的文学形式提出的，没有实践性质的指令。"①

仅在这段话中，就可以找到一个短暂的例子，证明葛兰西的概念在理论和时间顺序上应该如何正确地部署，以产生先进资本主义下的革命政治战略。在西方，在战胜国家的抵抗之前，必须先通过统一战线战胜"市民社会"的抵抗——不过，在这个领域取得胜利后，必须紧接着进行葛兰西在这里直接称之为针对国家的武装"袭击"（assalto）。可惜，这种对另一位思想家的暗示所包含的洞察力只是昙花一现。葛兰西在自己的核心战略文本中以一种"出色的文学形式"描绘的意象，其权重走向了相反的方向。在那里，国家只是一条"外层壕沟"，而市民社

---

① *QC* III, p. 1616; *SPN*, p. 236. 昆汀·霍尔在编辑《狱中札记节选》的政治部分时，首先发现了这段话的重要意义，这是他的功劳。葛兰西指的是托洛茨基1922年在共产国际第四次世界代表大会上的演讲。

会则是位于国家"后方"的"强大的堡垒和工事系统"。换言之，资本主义的市民社会——反复被描述为同意的领域——才是社会主义运动取得胜利的最终障碍。因此，阵地战是有组织的工人阶级为了赢得对市民社会的领导权而进行的斗争——根据默认的定义，这种领导权会融入对整个社会形态的最高政治权威（political paramountcy）。葛兰西写道，"在政治中，阵地战就是领导权"，而"领导权是通过永久组织化的同意（organised consent）进行的统治"。①

葛兰西的战略思想再次出现了前面提到的理论滑动，引起了更严重的后果。因为葛兰西直接颠覆了列宁的战斗顺序，明确地将"运动战"降低为在西方进行革命斗争的预备或辅助角色，而将"阵地战"提升为劳资斗争中的决定性和关键的角色。这样一来，他终于被自己概念的逻辑困住了。关键的一段话是这样写的："阵地战需要无数人付出巨大的牺牲。霸权/领导权（hegemony）的空前集中是必要的，因此需要一个更加'干涉主义'的政府，它将更直接地对反对派发动进攻，并通过政治、行政以及其他各种控制手段，加强统治集团的霸权/领导权'地位'，确保组织'不可能'从内部解体。这一切都表明，我们已经进入了政治历史形势的高潮阶段，因为在政治上，'阵地战'一旦获胜，就具有决定性意义。换句话说，在政治中，

_____

① *QC* II, p. 973. *QC* III, p. 1636; *SPN*, p. 80n.

只要没有赢得决定性的阵地战，运动战就会继续存在。"①

这段文字的错误有一个可疑的症状：在工人阶级队伍中必须有一个更专制的、能够压制所有异议的指挥部，这个主张着实令人不安。将阵地战战略与政治表达的集中统一联系起来，学到了共产国际最坏的一面，实在叫人不放心。事实上，社会主义革命只有通过最大限度地扩大而不是缩小无产阶级民主，才能在西方取得胜利：因为只有在政党或委员会中的经验，才能使工人阶级了解资产阶级民主的真正局限，并使他们做好在历史上超越资产阶级民主的准备。在发达资本主义国家内部进行革命的马克思主义战略，如果想以阵地战和命令作风来实现劳动者的最终解放，注定要失败。当阶级斗争的清算时刻到来时，无产阶级的自由和暴动并行不悖。正是它们的结合，而不是其他因素，才能构成一场真正的社会机动战争，推翻隐藏在最强大堡垒中的资本。

葛兰西在狱中寻找西方工人阶级未来的政治解决方案，最终未能如愿。阵地战的视角是个死胡同。归根结底，这个想法在葛兰西思想中的作用似乎是一种道德隐喻：它代表了一种在

---

① QC II, p. 802; SPN, p. 239. 有时人们以为这段话是指法西斯主义运动，而不是共产主义运动。仔细一研究，似乎排除了这个假设。"群众"付出的"巨大牺牲"无疑是指工人阶级。同样，葛兰西绝不会认为法西斯主义在意大利取得了决定性胜利——而在本段文字的语境中，法西斯主义掌权意味着它取得了胜利。总体来说，这里对极端集中的权威和纪律的强调，可能应该与关于东方和西方的主要文本中呼吁一个无产阶级福煦进行"统一指挥"联系起来，否则就很难理解。引自 QC II, p. 866; SPN, p. 238。

西方失去革命胜利的直接希望后坚忍不拔地进行调整的意识。在一个具有时代特征的巧合中，一位命运非常接近 30 年代葛兰西的西欧马克思主义思想家，在一本截然不同的作品中再现了同样的想法。同为法西斯主义受害者的瓦尔特·本雅明以"消耗战术"（Ermattungstaktik/tactic of attrition）的格言表达了他的政治悲观情绪——为此，当他去世时，他的朋友布莱希特（Brecht）在不知道这个词的任何前史的情况下纪念了他。① 本雅明的诗意文风多少能告诉我们一些关于葛兰西公式的科学地位的信息。每个当代马克思主义者欠葛兰西的债务，只有以真正严肃的态度批判他的著作，才能偿还。在《札记》的迷宫中，葛兰西迷了路。与他自己的意图相反，从他的作品中可以在形式上得出偏离革命社会主义的结论。

有必要补充说，葛兰西本人反对一切形式的改良主义吗？考茨基战略理论的议会主义结论对他来说是完全陌生的：他的作品到处都是迫切需要革命推翻资本主义国家的断言。我们甚至不必回顾他遭到囚禁和审查之前的无数论述。在可以视为葛兰西有效政治遗嘱的文件中，阿托斯·利萨记录了他对意大利工人阶级激进分子的最后直接忠告。在这份文件中，他不顾第

---

① *"Ermattungstaktik war's, was dirbehagte"*（消耗策略是你喜欢的）: "An Walter Benjamin," in Bertolt Brecht, *Gesammelte Werke*, Vol. X, Frankfurt 1967, p. 828. 布莱希特对他朋友的观点的实际功效基本上不抱幻想: *"Der Feind, der dich von deinem Büchern jagte / Lässtsich von unsereinem nicht ermatten"*（驱赶你远离书籍的敌人，不会被吾辈所疲）。

三时期学说（Third Period doctrines），坚持认为在反对法西斯主义的斗争中追求面向大众的中间目标是必要的——首先是制宪会议（constituent assembly）——他对最终目标的承诺也是坚定不移的，正如马克思和列宁认为的那样："暴力夺取政权需要工人阶级政党创建一个军事类型的组织，广泛地渗透进资产阶级国家机器的每一个分支，能够在斗争的决定性时刻沉重打击并重创资产阶级国家机器。"①

葛兰西不仅仅嘴上声称经典意义上的无产阶级革命的必要性，许多人口头上都这样说。他为此奋斗并遭受了长期的痛苦。如果离开这项使命，不仅无法理解他的作品，也无法理解他的生活。葛兰西本人非常清楚他与疾病、孤立（isolation）和死亡作斗争的条件。他的《札记》中关于东西方区别的核心段落都以扩展的军事类比的形式出现："火炮""战壕""指挥官""机动""阵地"。他简要地警告我们不要轻易解读他的词汇。"说了这么多，应该记住一般标准，即军事艺术与政治之间的比较应该始终有所保留——换句话说，作为归谬法中思想或语词的辅助手段。"②

葛兰西在监狱中写作的条件产生了一种不统一、支离破碎的理论，内在包含了差异和不连贯。本研究讨论的核心文本对

---

① 《阿托斯·利萨报告》的全文，参见本书第132—144页。在报告中，葛兰西以显著的技术和组织上的精确度，讨论了未来意大利革命的军事问题。

② *QC* I, p. 120; *SPN*, p. 231.

托洛茨基的引用，最清楚地表明了这一点。在这些文本中，"不断革命"概念作为所谓"运动战"的表现，一再成为葛兰西批评的正式对象。然而，正是托洛茨基与列宁在共产国际第三次代表大会上，一道抨击了"革命攻势"的普遍理论。同样是托洛茨基与列宁，是统一战线理论的总设计师，葛兰西将它等同于自己的"阵地战"。最后，是托洛茨基，而不是列宁，撰写了20年代统一战线理论的经典文献。① 葛兰西在这里几乎彻底搞混淆了，这一点有坚实的政治证据。在1932年第三时期的高潮期间，图里迪巴里（Turi di Bari）监狱中的葛兰西和普林基波（Prinkipo）岛上的托洛茨基关于意大利政治局势形成了实质上相同的立场，与意共和共产国际的官方路线截然相反。一个囚犯，一个流放者，都呼吁建立一个包括社会民主党在内的工人阶级抵抗法西斯主义的统一战线，以及法西斯主义倒台以后恢复意大利资产阶级民主的过渡路线。② 当然，在当时的政治黑夜中，双方都没有意识到彼此之间的默契。

甚至不止于此，葛兰西的混淆中还有一个更讽刺的地方。事实上，主要是托洛茨基为东方或西方的工人阶级运动提供了

① "On the United Front," in *The First Five Years of the Communist International*, Vol. II, New York, 1953, pp. 91–104.
② 关于葛兰西的观点，参见 Paolo Spriano, *Storia del PartitoCommunista Italiano*, Vol. II, Turin 1969, pp. 262–274。托洛茨基对意大利局势的分析，参见 *Writings of Leon Trotsky 1929 and 1930*, New York 1975; and *1930—1931*, New York 1973。以上文本收录于 Silvio Corvisieri, *Trotskij e il Communismo Italiano*, Rome 1969, pp. 326–335。

关于"运动战"和"阵地战"的科学批判，而且是在这两个词真正存在的领域——严格意义上的军事战略领域。因为在1920—1921年中欧革命运动中出现的政治学说，在俄国有对应的军事学说。在那里，伏龙芝和图哈切夫斯基扮演了卢卡奇和塔尔海默的角色。在内战后苏联的军事大辩论中，伏龙芝、图哈切夫斯基、古谢夫（Gusev）等人认为，革命战争的本质是永久进攻，或者运动战。图哈切夫斯基宣称："战略储备的用处总是值得怀疑，我们在战争中根本不需要。现在只有一个问题：如何通过数量来获得最大的打击力。答案只有一个：派出所有部队发动进攻，连一把刺刀都不要保留。"[①] 伏龙芝声称，内战的教训表明，进攻在革命战略中的首要地位与无产阶级本身的社会性质不谋而合："红军的战术过去和将来都是以大胆而有力的精神发动进攻。这源于工农军队的阶级性质，同时又与军事艺术的迫切需要相吻合。"[②] 阵地战是第一次世界大战和资产阶级的特征，从此已经不合时宜。图哈切夫斯基写道，"机动是唯一的取胜之道"。[③]

正如我们看到的，托洛茨基反对将"进攻理论"作为共产国际内部的一种战略。现在，他又与红军内部作为一项军事学说的"进攻理论"进行了一场同样的战斗。托洛茨基在答复伏

---

① *Voina Klassov*, Moscow 1921, p. 55.

② 这些论点提交了苏共第十一届党的代表大会。

③ *Voina Klassov*, p. 105.

龙芝等人时进行了比较："不幸的是，在我们的新式教条主义者中，有不少傻瓜打着军事理论的旗号，试图在我们的军事舆论中引入同样的单方面'左倾'倾向，这种倾向在共产国际第三次世界代表大会上披着进攻理论的外衣而成型：由于（！）我们生活在一个革命的时代，所以（！）共产党必须执行进攻政策。将'左倾主义'（leftism）转化成军事学说，就是将这个错误放大了无数倍。"①

在与这些观念的斗争中，托洛茨基揭露了将内战经验一般化的谬误。在内战中，由于俄国社会组织和军事技术的落后，双方（不仅仅是红军）主要使用机动战术。"我要指出，我们不是机动原则的发明者。我们的敌人也广泛使用机动原则，因为相对少量的部队被部署在很远的距离上，而交通手段又很简陋。"② 但最重要的是，托洛茨基一再批评任何将运动战或阵地战神化为不变或绝对原则的战略理论。一切战争都要将阵地战和运动战结合起来，任何片面排除其中之一的战略都是自寻死路。"可以肯定地说，即使在我们内战期间的超机动战略中，阵地主义（positionalism）的因素也确实存在，并且在某些情况下发挥了重要作用。"③ 因此，托洛茨基得出结论："防御和进攻在战斗中都是可变因素……没有进攻，就无法取得胜利。但是，只有

---

① *Military Writings*, New York 1969, p. 47.

② Ibid., p. 25.

③ Ibid., p. 85.

在需要进攻的时候进攻的人才能取得胜利，而不是首先进攻的人。"① 换句话说，阵地和运动在任何军事战略中都必然是互补关系。废弃其中任何一个都会招致失败和投降。

处理了红军或共产国际内的错误类比或推论之后，托洛茨基接着预测，在阶级之间真正的军事冲突——换句话说，一场实际的而非比喻的内战——中，西方很可能比东方更加倾向于阵地主义（positionalism）。与民族之间的外部战争相比，所有内部战争天然更具机动性，因为它们在国家和民族内部造成了分裂。在这方面，"机动性不是革命军队特有的，而是内战本身特有的"。② 然而，西方发达国家的经济和社会结构更具历史复杂性，使未来的内战在性质上比俄国内战更具阵地战的特征。"在那些高度发达拥有庞大生活中心（living centres）的国家，他们的白卫队干部提前做好了准备，内战可能会呈现——而且在许多情况下肯定会呈现——出一种更少流动性、更紧凑的特征，也就是说，近似于阵地战。"③ 在葛兰西生命的最后时刻，欧洲正经历着一场这样的冲突。西班牙内战有力地证实了托洛茨基的判断。在曼萨纳雷斯（Manzanares）和埃布罗（Ebro）的战斗中，共和国保卫战被证明是一场漫长的阵地考验——最终

---

① *Military Writings*, New York 1969, pp. 65, 88.

② Ibid., p. 54.

③ Ibid., pp. 84–85. 托洛茨基立刻小心翼翼地接着说，这并不意味着在西方，阶级之间的军事斗争可以被描述为纯粹的"阵地战"。因为"一般来说，这里甚至谈不上什么绝对的阵地主义，在内战中更是如此。这里的问题是运动性与阵地主义要素之间的相互关系"，第 85 页。

失败了，因为工人阶级始终无法重新获得夺取胜利所必需的运动战主动权。如果托洛茨基的分析在西班牙得到证实，那是因为它相对于目标具有针对性。这是一种技术性的战争理论，而不是比喻性的战争理论。

托洛茨基在军事上的准确性，是他在俄国内战中的经验的产物，并不一定赋予他的政治战略同等的准确性。他对德国、英国和法国的了解实际上比葛兰西更多。他关于两次世界大战之间西欧三大社会形态的著作，比《狱中札记》明显更胜一筹。在他关于纳粹德国的文本中，实际上包含了经典马克思主义中唯一详细的关于现代资本主义国家的理论。然而，尽管托洛茨基对西欧中心国家资本主义的具体社会政治结构的历史理解在他那个时代无人能出其右，但他从未带着葛兰西那样的焦虑或清醒，提出过在这些国家进行社会主义革命的差异化战略问题，这个问题根本不在俄国社会主义革命的计划之内。在这个关键方面，他倒没那么多困扰。

五、意义

葛兰西的思考在当代有什么意义呢？当今各资本主义国家中的大多数被剥削阶级，仍然臣服于改良主义或资本主义意识形态。葛兰西的统一战线策略旨在完成的任务，即争取无产阶级意识形态上的觉醒和转变，至今仍未完成。正是在这一点上，葛兰西《狱中札记》最核心的主题依然有意义。但是，资产阶级国家的性质决定了，在生死存亡的最后较量中，资产阶级将毫不犹豫使用武力镇压，此时，资产阶级的暴力机器将取代意识形态机器，强制将取代同意，走上前台。因此，无产阶级推翻资产阶级统治的革命，既是一场政治斗争，也必然是一场军事斗争。

正如我们看到的，葛兰西对自己问题的回答并没有解决这些问题。不过，考茨基和卢森堡之间的辩论，卢卡奇和葛兰西之间的对比，今天至少可以推导出两个简单而具体的命题。将资本主义中心国家的无产阶级革命战略实质上构想为一场运动战，就是忘记资产阶级国家的统一性和有效性，并使工人阶级进行一系列与之抗衡的致命冒险。将无产阶级战略从本质上说成是一场阵地战，就是忘记革命形势必然具有的火山喷发似的突然性。这些社会形态的性质永远无法长期保持稳定，如果不想错过夺取权力的机会，就需要攻击的速度和机动性。马克思和恩格斯始终强调，起义，有赖于大胆行动的艺术。

就葛兰西而言，阵地战公式的不足之处与他对资产阶级权力分析的模糊性有明显的关系。需要记住，葛兰西将"阵地战"等同于"市民霸权"（civil hegemony）。因此，正如他对霸权的使用往往暗示西方资本主义权力结构本质上建立在文化和同意的基础上一样，阵地战的概念也倾向于暗示马克思主义政党的革命工作本质上是工人阶级的意识形态转变，因此它等同于统一战线，目的是争取大多数西方无产阶级加入第三国际。在这两种情况下，强制的作用——资产阶级国家的镇压，工人阶级的起义——都趋于隐退。葛兰西战略的弱点与他的社会学的弱点是相互呼应的。

这些过去的关于马克思主义战略的辩论在当代有什么意义呢？任何对当前问题的真正讨论都会涉及许多这里没有提到的问题。语文学考察的局限性决定了这些不可避免的限制。一些核心问题，诸如劳工运动中经济斗争和政治斗争的相互联系、工人阶级在主要是后农民（post-peasant）社会中的联盟、资本主义危机的当代性质、双重权力可能的催化剂和形式、更先进的无产阶级民主制度的发展——比任何过去的先例都更广泛、更自由——在这里都被省略了。然而，孤立于前述问题去考虑资产阶级国家的结构和工人阶级推翻它的策略，可能会导致一种不负责任的抽象——除非始终记住在西方进行社会主义革命的马克思主义理论中那些其他的必要元素。如果我们接受这个限制，那么从本书重构的遗产中可以得出什么结论呢？限于篇幅和场合，就讨论的主题，这里只讲两点。

马克思主义理论的逻辑表明，资产阶级国家的性质决定了在最后的较量中，镇压的武装机器将取代议会代表制的意识形

144

态机器，在资本主义阶级权力的结构中重新占据主导地位。这个强制性的国家机器是工人革命的终极障碍，只能通过先发制人的反强制（counter-coercion）来打破。在 19 世纪，街垒是后者的传统象征。然而，列宁早就指出，这些堡垒往往具有道德而非军事功能：它们的目的既是与士兵之间建立兄弟情谊的方式，也是对付他们的武器。用列宁的话说，在任何革命中，无产阶级先锋队的任务，不仅是与（against）军队作战，而且是为（for）军队而战。他强调，这并不意味着仅仅口头说服他们加入无产阶级阵营，而且意味着群众通过"实际斗争"（physical struggle）争取他们站到革命一边。①

只有当国家的镇压机器本身分裂或瓦解时，起义才能成功，就像在俄国、中国或古巴那样。换句话说，必须打破将强制力量结合在一起的共识"协议"（consensual convention）。今天西欧、北美和日本的军队都是由从被剥削阶级中征召或招募的士兵组成的，他们具有在普遍危机中瘫痪反革命动员的潜在能力。因此，政治斗争的一个关键目标是以阶级的胆识和决心对士兵采取行动，打破国家镇压机器的统一性。换句话说，无产阶级起义始终是一种政治行动，根本目的不是要给敌人造成伤亡，

145

---

① "当然，除非革命具有群众性并影响到军队，否则就谈不上严肃的斗争。我们必须在军队中开展工作，这是不言而喻的。但是，我们绝不能想象他们会仅仅因为我们的说服或他们自己的信念，就一下子站到我们这边。莫斯科起义清楚地表明了这种观点是多么刻板和僵化。事实上，在每一次真正的人民运动中，军队都不可避免会发生动摇，每当革命斗争变得尖锐时，就会引起真正的争夺军队的斗争。"引自 Lenin, *Collected Works*, Vol. 11, p. 174。

而是要团结所有被剥削的群众，无论是穿着工作服还是制服，无论男女，去创造一种新的大众权力。然而，它也必然是一项军事行动。无论工人阶级在分裂国家强制机器（军队或警察）方面多么成功，将主要部分从中剥离出来，并将它们争取到革命事业中来，仍然会始终存在一个顽固不化的反革命核心力量，他们经过特殊训练，拥有特别强悍的镇压职能，无法改造他们，只能击败他们。彼得格勒卫戍部队投靠了革命军事委员会，冬宫里的容克人和哥萨克人仍然负隅顽抗。步兵和炮兵可能已经起来支持葡萄牙的社会主义事业，突击队和空军仍然完好无损，镇压革命。

如果一国国内的镇压机器瓦解得太突然或太剧烈，外国资产阶级国家控制的更强大的军事机器就会进行外部干预——当本地的资本出逃，导致储备太少时，强制的"外国货币"就会流入。从俄国到西班牙，从古巴到越南，这些例子都是常识。敌人武装机器的双重性（duality）——国内的或国际的——是每场革命不变的要素。托洛茨基准确地把握住了关键："工人必须事先采取一切措施，通过预先的鼓动将士兵拉到人民一边；但与此同时，他们必须预见到，总是会剩下足够数量的可靠或半可靠的士兵，可供政府调遣去镇压起义；因此，问题最终还是必须通过武装冲突来解决。"[①] 所以，资本主义国家最终是由强

---

① *Where Is Britain Going?*, London 1973, p. 87.

制手段决定的，这一点也适用于强制机器本身。在革命危机中，意识形态和政治斗争可以削弱资产阶级军事机器，感召其成员。但专业反革命部队的死硬核心——海军陆战队、伞兵部队、防暴警察或准军事宪兵——只能通过群众的强制攻击一扫而光。自始至终，社会主义革命的规则既体现又拒斥资本主义国家的法律。

只有当群众切实体验到无产阶级民主明显优于资产阶级民主时，这样的革命才会在西方发生。在西方社会，社会主义胜利的唯一途径，是无可争辩地代表绝大多数人更多而不是更少的自由。真正的工人民主会释放群众尚未被开发的能量，提供足以结束资本统治的爆炸力量。必须在夺取国家政权，在结构上取消旧秩序之前，就开始展示一种新的、非特权的自由。这种必要重叠的名称是双重权力（dual power），它出现的方式和手段——无论是否存在工人政府——构成了任何社会主义革命的关键中间问题。然而，目前来看，大多数西方国家的工人阶级运动离这个门槛还有一段距离。毫无疑问，当今每一个主要资本主义社会形态中的大多数被剥削人口，仍然以某种方式服从改良主义或资本主义意识形态。正是在这一点上，葛兰西《狱中札记》中最持久的政治主题才变得有意义。统一战线旨在完成的任务，五十年后仍未解决。北美、西欧和日本的群众还没有被革命社会主义争取过来。因此，统一战线的核心问题意识——列宁临终前对西方工人阶级运动的最后战略建议，葛兰

147

西在监狱中的首要关切——今天依然有效，它在历史上从未被超越。当务之急仍然是必须先赢得工人阶级，然后才谈得上夺取权力。实现这种征服的手段——不是征服国家机构，而是工人的信念，尽管最终两者不可分割——是当今任何真正的社会主义战略的首要议题。

在这些问题上的国际辩论，引发了卢森堡、列宁、卢卡奇、葛兰西、波尔迪加或托洛茨基之间的分分合合，是欧洲工人运动最后一场伟大的战略辩论。从那以后，在资本主义中心国家进行与群众有任何直接联系的革命战略这一政治问题几乎没有什么重大的理论发展。原初的马克思主义理论与欧洲工人阶级主要组织之间的结构性脱节，尚未获得历史性的解决。法国五月至六月的起义，葡萄牙的动荡，西班牙即将到来的结局，预示这场漫长的脱节即将结束，但还没有实现。因此，经典的辩论在许多方面仍然是我们今天拥有的最先进的参考限度。回顾四五十年前发生的战略对抗并不只是怀古（archaism）。相反，重新解释它们，是迈向有（一定）希望在今天形成正确理论"初始形态"的马克思主义讨论的一步。在一个著名的段落中，雷吉斯·德布雷（Régis Debray）谈到了与我们的当下保持同步总是很困难。至少在欧洲，我们还没有完全与我们的过去保持同步。

附录 阿托斯·利萨的报告

小引

1930 年秋天，葛兰西被关押在巴里附近的图里监狱，他在监狱的院子里发表了一系列谈话，直接向狱友表达了他的政治观点，而不必像在审查员眼皮子底下写《札记》那样小心翼翼地诉诸暗语和典故。我们之所以有他谈话的记录，是因为当时有一位听众强烈不同意他的观点。阿托斯·利萨（Athos Lisa）几乎是葛兰西的同龄人——他出生于 1890 年，几个月后葛兰西出生——是比萨的一名铁路工人。他最初是一名社会主义者，1924 年为了逃避警察抓捕，他逃到法国后加入共产党，之后返回意大利从事地下工作，直到 1926 年年底被捕。他被判处 9 年监禁，在圣斯特凡诺岛和皮亚诺萨岛上度过两年最艰苦的监禁时光后，被转移到图里，当时葛兰西在狱中发表谈话已经有几个星期，他在那一直待到 1931 年秋天因病被转移到拉齐奥的另一所监狱，一年后又返回图里。1932 年 10 月，他被赦免，获释后前往巴黎，那里是流亡中的意共领导层所在地。

　　1933 年 2 月，他给意共写了一份关于狱中葛兰西政治观点的报告，陶里亚蒂对此表示感谢，并告诉他永远不要对任何人说起这件事。在法国，他曾在帮助政治犯的共产主义组织红色援助（Red Aid）中任职，从事西班牙内战受害者的救援工作，之后在第二次世界大战期间加入了滨海阿尔卑斯省（Alpes Maritimes）的抵抗组织。解放后，他帮助法国总工会（CGT）为在法国的意大利工人写了一篇论文。在冷战高峰期，他于 1951 年被法国驱逐出境，六十岁出头时返回比萨。作为一名纪律严明的激进分子，他从未向任何人提及这份报告的存在，也不知道报告后来的际遇。

　　十年后，陶里亚蒂在雅尔塔去世。1964 年 8 月 25 日，他盛大的葬礼在罗马举行。几个月后的 1964 年 12 月 12 日，阿托斯·利萨的报告在意共的周刊《重生》（Rinascita）上发表，距离它的写作时间已经过去 30 年。它的作者保持沉默，不久后于 1965 年 4 月去世。他去世后不久，他的遗孀发现了他藏在一本百科全书中的回忆录手稿，他甚至对她都只字未提。他一定是在生命的最后几个月完成手稿的，因为其中包含了他 1933 年报告的文本，而自从将报告交给陶里亚蒂后他就再也没有拥有过这份报告的副本，还有一个注释，解释他为什么省略了发表在《重生》杂志上的报告的开头几句话。最终，在 1973 年，这本回忆录由最后一位健在的出生于 19 世纪 90 年代的共产党领导人，异端分子翁贝托·特拉奇尼（Umberto Terracini）编辑出版。① 下面的文字是那本书的第五章，其中包含利萨对葛兰西狱中演讲的报告以及他关于图里迪巴里监狱中每次演讲之后的情况的描述。

　　阿托斯·利萨的报告写作时保密，一直等到确保它保密的领导人去世后才披露出来，至今仍然具有爆炸性。陶里亚蒂 1933 年隐瞒这份报告的原因在于，它是葛兰西所说的对党的官方路线的"一记重拳"：他呼吁召开制宪会议，结集意大利所有反法西斯力量，作为向社会主义革命前进过程中的过渡目标，当时共产党尚未获得足够的支持直接发动社会主义革命——此时，意共领导层正在宣传共产国际第三时期的幻想，即革命即将来临，唯一反对法西斯主义的力量就是意共本身。1935 年后，共产国际转向人民阵线（Popular Front）战略，但由于它绝口不提自己先前的宗派路线，更不用说进行自我批评，利萨的报告仍然遭到压制，因为它是过去错误的确凿证据。葛兰西拒绝这种错误，注定了陶里亚蒂不会允许它公之

---

① Athos Lisa, *Memorie. Dall'ergastolo di Santo Stefano alla Casa penale di Turi di Bari*, Milan 1973, 特拉奇尼写了序。

于众。

　　然而，这份报告在陶里亚蒂死后发布的十年间，却成为令意共难堪的存在，它不再象征对党的路线的"右倾"偏离，而是葛兰西的政治路线多么"左倾"的尴尬证据。现在，既然已经宣布了一条通往更美好未来的和平的议会主义道路，而这个未来的定义越来越模糊，社会主义也让位于更"先进的民主"的泛泛而谈，与社会民主党的传统说法没什么区别，意共同样有理由掩盖利萨的报告，因为它清楚地表明葛兰西坚定致力于暴力推翻资本主义国家，为此目的党需要建立军事组织，并且接受了经典的列宁主义霸权/领导权（hegemony）概念，即工人阶级在扫除资产阶级的斗争中需要争取农民和小资产阶级成为盟友。在相反一端，意共正寻求与意大利主要资产阶级政党基督教民主党达成"历史性妥协"，这种观念是对意共最新姿态的诅咒。阿托斯·利萨的报告现在要么被无视，好像它从未存在过，要么遭到可笑的曲解，说如果恰当理解的话，他的报告几乎预见到了党当前的路线，或者报告只是一个愚笨、不太可靠的干部写的东西，他对葛兰西思想的原始理解也部分是因为葛兰西需要为他低智商的狱友而降低自己的思想。①

　　表面上看，在这场对过去的清洗中，阿托斯·利萨报告中

---

① 举例来说，分别参见 Gianni Francioni, *L'officina gramsciana*, Naples 1984, 各处，详见上文第 8—9 页；Angelo Rossi, *Gramsci da eretico a icona*, Naples 2010, pp. 95–115; Giuseppe Vacca, *Vita e pensieri di Antonio Gramsci*, Turin 2012, pp. 120–122 ff, 详见 *The H-Word*, p. 81 n5。

唯一幸存下来的想法，恰好是最初使它在巴黎成为烫手山芋的那个想法。葛兰西曾在1933年呼吁召开制宪会议，1946年制宪会议正式召开，制定了意大利宪法。意共在今天的后裔，马泰奥·伦齐（Matteo Renzi）的民主党曾寻求削弱这部他们认为太激进的宪法，但失败了。不过，也许有人会问，葛兰西最好的政治理念得到了历史的证明，他的政党是战后意大利民主制度的主要创始者，这难道不是更重要的事实吗？现实要更苦涩一些。正如葛兰西在狱中向其他人解释的那样，他不仅仅将制宪会议视为前往目的地的中转站，而这个目的地距离战后意共设想的目标十万八千里。他规定，所有被法西斯主义严重腐蚀过的人都应该被排除在投票名单之外。到目前为止，还没有发生过这样的事情，1945年之后意大利国家机器中的法西斯官员没有遭到任何严肃的清洗，当时陶里亚蒂担任司法部部长，几乎所有为墨索里尼服务过的省长，更不用说下属了，都继续任职。在这些官员中，正是军事法官恩里科·马奇斯（Enrico Macis）将葛兰西送入监狱直至牺牲。他由于在审判葛兰西和其他许多共产党人的过程中为法西斯政权服务而获得晋升，他在墨索里尼征服埃塞俄比亚和占领并吞并斯洛文尼亚的军事任务中继续履行职责。在那里，他主持了驱逐和镇压，赢得了意大利占领军将军们的最高赞誉。1945年后，斯洛文尼亚要求将他作为战犯引渡。在战后的意大利，他毫发未损。他甚至被要求帮助在米兰组织一场反法西斯展览，并在余下的日子里过得很

154

安宁，一直到 1973 年。① 意共从来没有揭露他或将他绳之以法。阅读利萨描述的葛兰西在这个人手中的遭遇，可以提示我们他的党究竟想要忘掉什么。

回忆录

英译　埃莉诺·基亚里（Eleanor Chiari）

中译　吴　双

当图里迪巴里监狱的政治犯人数越来越多时，我们对意大利局势和党的路线进行一些评估的渴望变得更加迫切，这也是因为监狱里新来的人给我们带来了相互矛盾的消息。一开始，葛兰西似乎并不急于表达观点，倒不是因为他对这个主题没有清晰的想法，而是因为在监狱中面对像我们这样庞大的观众谈论如此复杂的主题客观上确实有困难。这需要很多时间。葛兰西担心引起监狱当局的注意，给他们借口实行一些会影响所有人的限制性措施。然而，在采取了一些预防措施以避免惊动监狱当局之后，葛兰西最终决定讨论这个萦绕在他心头的话题。大约两个星期时间，每天早上在院子里，葛兰西谈论意大利的

---

① 　最终将这段历史揭示出来的功劳属于鲁杰罗·贾科米尼（Ruggero Giacomini），他的出色研究 *Il giudice e il prigionero*, Rome 2014, 基于众多证人的叙述，对葛兰西在监狱中的岁月和观点给出了最全面和最优秀的描述。关于葛兰西将法西斯分子从制宪会议名单中剔除出去的决心，请参见 Cesare Bermani, *Gramsci, gli intelletuali e la cultura proletaria*, Milan 2007 中埃尔科莱·皮亚琴蒂尼（Ercole Piacentini）的证词。

政治和经济形势、力量关系和国际局势，他的敏锐和深刻，连那些在他被捕之前就听过他讲话的人都感到惊讶。

当葛兰西开始他关于意大利和国际形势的报告时，他提醒我们，他将要告诉我们的是"一记重拳"，因为他会谈论"制宪会议"。[①] 当时，他对这个主题突兀的表述和概略图式的处理，脱离了一系列我认为不能忽视的问题，如果忽视这些问题，就会将本质上的政治问题变成学术研讨，给我的印象是，它只不过是抛出来活跃我们日常讨论气氛的随意念头。后来我才意识到，葛兰西的"一记重拳"是他精心策划的，无论在演讲之前还是之后，他都以同样的精神、同样的逻辑、为了同样的目的，处理许多政治问题。事实上，他告诉我们，他对制宪会议问题进行了长期而认真的思考，他赋予制宪会议最高的政治重要性，在他看来，制宪会议决定了党应该遵循的策略。

他在这个问题上表达反对意见之前，还发表了两次关于"知识分子与党"和"军事问题与党"的谈话，我将试着报告这两次谈话的基本观点，因为我觉得它们与他的制宪会议观念密切相关，或者至少能帮助我理解他的总体思路。在第一次谈话中，葛兰西认为知识分子对无产阶级来说是绝对必要的，无论是无产阶级处于自在阶级（class in-itself）的历史阶段，还是无

156

---

① 接下来就是利萨的报告，省略了开头几句话，其中，他指出这是他在事件发生两年后凭记忆写的，因此不能保证回忆起葛兰西复杂思想中的每一个观点，但已经尽自己所能给出了尽量准确和客观的描述。

产阶级已经成为自为阶级（class for-itself）的历史阶段。没有知识分子，无产阶级既无法夺取政权，也无法在赢得政权后巩固和发展自己的政权。但是，谁应该被认定为知识分子？在这些知识分子当中，党的工作应该集中在谁身上呢？葛兰西说，工人阶级的知识分子，就是那些构成无产阶级先锋队的元素：党。为了支持这个观点，葛兰西以工厂和武装部队为例，将党与资产阶级国家组织的某些分支进行了类比。在这两种情况下，他将那些发挥超出单纯执行体力任务的功能的人归类为知识分子或半知识分子。在工厂里，他认为知识分子是所有负责将企业所有人或董事会制定的总体计划付诸实施的人，例如工程师或经理。他将负责对劳动者进行技术或行政监督的人归类为半知识分子，例如主管、工头、组长、各级职员。在军队里，他认为知识分子是由总参谋部分配具体战术或战略计划的高级军官，而半知识分子则是所有负责确保部队正确执行这些计划的士官和下级军官。在葛兰西看来，党的组织遵循同样的模式，上层是中央委员会，下层是外围组织。

葛兰西以这种方式根据特定的活动定义知识分子，希望在不同的社会类别之间建立明显的区别，以便将党可能感兴趣的知识分子与资产阶级知识分子区分开来。因此，按照葛兰西的分析，公司的董事和首席执行官、将军、哲学流派的领袖等都应该被视为资产阶级最纯粹的代表。

在讨论"军事问题与党"时，葛兰西明确表示，暴力夺取政权需要党创建一个军事类型的组织，广泛地渗透进资产阶级国家机器的每一个分支，能够在斗争的决定性时刻沉重打击并重创资产阶级国家机器。不过，必须将军事组织问题理解为党的更广泛工作的一部分，因为这一特定活动预设了与党的全部实际行动及其意识形态发展之间存在紧密的相互依赖关系。不能孤立地考虑纯技术方面的军事组织问题，决定其能力和效能的是政治方向。负责政治方向的人需要具备非凡的品质，而这些品质在很多方面都取决于党的意识形态水平。葛兰西说，无产阶级革命的一个无条件要求是武装力量关系向有利于工人阶级的方向转变。但是，军事上的力量关系，不应该仅仅理解为拥有武器或战斗部队，还应该理解为党瘫痪资产阶级国家机器神经中枢的能力。例如，总罢工可以使军事力量关系向有利于工人阶级的方向转变。关于敌人实力的准确情报也是发动内战不可或缺的条件。在概述意大利军队时，他列出了常规部队和特种部队，如宪兵、民兵、国家警察和退役军官。他高度重视最后一类军事和政治力量。鉴于意大利的地理构造，在敌人最重要的进攻性武器中，他提到了装甲列车。如果党不建立能够在某种程度上瘫痪这些强大的资产阶级行动工具运作的军事组织，让这些列车沿着亚得里亚海或爱奥尼亚海岸疾驰，可能会在民众心中播下恐惧因而动摇民众。

158

我提到，葛兰西阐述了他关于"制宪会议"问题的观点，因为他想听听我们的看法。与其他听过他演讲的同志一样，我的印象是葛兰西非常重视我们对他讲话的反应。他不厌其烦地重复说，党内存在过度追求最高纲领主义（maximalism）的问题，他在我们中间开展政治教育工作，目标就是培养能够为党作出更健康的意识形态贡献的核心人物。他说，在党内，人们常常害怕任何不属于旧的最高纲领主义教条的东西。人们以为无产阶级革命到一定程度就会水到渠成。每一个不符合主观主义白日梦的战术行动都会被视为对革命战术和战略的扭曲。所以，人们经常谈论革命，但对发动革命需要什么条件、实现革命目标需要的手段，或者如何使这些手段适应不同的历史情境，却没有任何确切的想法。人们普遍倾向于将言词凌驾于政治行动之上，或者混淆两者。这就是为什么葛兰西将制宪会议问题称为"一记重拳"。

他对这个主题的阐述集中在两点：（1）无产阶级赢得盟友的策略；（2）夺权策略。他的阐发大致如下。意大利的反动派剥夺了无产阶级的政党、阶级组织、报刊以及进行集会和罢工的合法机会，剥夺了它为了相对迅速地取得阶级领导权而最不可或缺的斗争手段。意大利主要是一个农业国家，南方与北方的经济结构和劳动阶级内部的社会分层都存在巨大差异；即便资本变得更加集中，南方的工业发展仍然落后于北方；由于历史原因，农民在意识形态上仍然在一定程度上臣服于小资产阶级分子，而小资产阶级是农业资产阶级压迫农民的最好接班人。所以，意大利无产阶级争取同盟阶级的任务是极其微妙和艰难的。但是，如果得不到他们的支持，无产阶级就不可能发起任何严肃的革命运动。鉴于意大利特殊的历史条件束缚了农民和小资产阶级的政治发展，以及目前党大大改善他们在政治和组织上的落后状况的可能性很有限，不难看出，党需要一条分阶段展开的行动路线，这对那些社会阶层来说也许更容易理解和接受。

在当前大众生活和斗争的条件下，农民，尤其是农村小资产阶级，无法与共产党及其口号和终极目标产生共鸣。这些社会阶层只能分阶段进行直接争取权力的斗争，也就是说，党一步一步地引导他们看清自己纲领的正义性和其他政党纲领的虚伪性，目前农民和小资产阶级依然相信这些政党的蛊惑。今天，要让一个南方农民相信国王是多余的很容易，但要让工人取代国王在他心目中的地位就困难得多了，就像他不相信他可以取代他的主人一样。军队中的小资产阶级或下级军官，因为不安稳的生活条件或缺乏晋升机会而感到沮丧，他们更容易相信自己的命运在共和制度下会比在苏维埃制度下更可能得到改善。这些社会阶层需要被引导迈出的第一步，是在宪法和制度议题上表达自己的意见。每个工人，甚至是巴西利卡塔或撒丁岛最落后的农民，现在都明白君主制没什么用。

在这个领域，党可以与意大利其他反对法西斯主义的政党联手，但不应该尾随他们。党的目标是，在斗争的各个阶段根据历史形势调整策略并保持阶级力量的平衡，从而暴力夺取政权，建立无产阶级专政。假设党能够应对这些挑战，由于为了赢得力量平衡的转变，必须清除社会阶层之间的障碍，而这要经过如此多的阶段，因此党的政治能力将取决于能否开辟一条超越其中间要求的通道。然而，即便在不久的将来意大利的反动压力有所减轻，党的行动仍将面临很大的困难。充其量，党可以依靠的活跃成员不超过 6000 人。这个人数除以意大利的地区数量，其功效的限度就一目了然了。在这样的情况下，不经过过渡时期就谈不上夺取权力，无论过渡时期的持续时间相对来说多么有限。

意大利的革命有两种情形，其中一种比另一种的可能性更大一些。葛兰西认为，最有可能出现一段过渡时期。党的策略应该考虑到这一点，而不必担心显得不够革命。党应该赶在任何其他反法西斯政党之前采用制宪会议的口号，不是作为目的本身，而是作为一种手段。制宪会议将为其代表提供一个制度框架，以提出工人阶级最迫切的要求，否定一切和平改良计划，并向意大利工人阶级表明，意大利唯一可行的解决方案是无产阶级革命。在这里，葛兰西喜欢回忆 1919 年都灵的"青年撒丁协会"，当时党明智且及时地行动起来，将穷人纳入工会内部的撒丁社会主义教育协会，团结起来对抗富人。直接的结果是，陆军萨萨里旅的士兵站在了都灵工人阶级的一边。他说，这有点像小型制宪会议。他接着补充说，布尔什维克政府纲领的第一条就是要求召开制宪会议。为了在政治独立和优势力量的基

础上与反法西斯政党达成协议，党必须主张同样的理念。通过
这种方式，我们的策略将指引我们实现党为自己设定的目标，
而不必担心被贴上什么标签。

与我发生分歧以后，葛兰西——到目前为止他尚未说明何
时可以召开制宪会议——补充说，随着意大利经济状况的恶化，
我们会看到零星但反复爆发的民众骚乱，而这种动荡将是制宪
会议在意大利时机成熟的迹象。但党应该立刻开始呼吁。由于
他假定欧洲无产阶级革命的客观条件已经存在了五十多年，葛
兰西同志的分析搁置了对意大利经济与其他资本主义国家经济
的相互依存关系，对世界经济危机加深的内在后果，对工人阶
级激进化和某些伪无产阶级（社会民主党）政党的社会支持瓦
解，或者对苏联经济发展的总体政治影响的任何评估。他说，
我们必须更加具有政治意识，更善于从事政治活动，不要害怕
进行政治斗争。他还顺便停下来考虑了一下"工农政府"的口
号，他说这个口号在历史上已经被淘汰，应该换成"意大利工
农苏维埃共和国"。这个论点不是葛兰西提出的，但据我所知，
这意味着"工农政府"的口号已经被伪无产阶级和民主党派盗
用，表明他们的社会基础发生了转变。我不确定葛兰西的意思
是这种转变已经将这些政党推向了左翼，还是只是推动他们采
取了一种更具迷惑性的说辞。

葛兰西讲完后，邀请我们就制宪会议发表自己的看法。每
个人都在力所能及的范围内说出了自己的想法，总体上，几

乎每个人都同意葛兰西的立场。赞成的有图利（Tulli）、赖（Lai）、皮亚琴蒂尼（Piacentini）、切雷萨（Ceresa）、斯帕多尼（Spadoni）、洛·萨尔多（Lo Sardo）和其他几个我记不太清名字的同志。反对的有来自罗马的斯库基亚（Scucchia）和我自己。尽管如此，葛兰西明确请求所有在场的人重新考虑这个问题，并在两周后回来说出自己的想法。这再也没有实现，因为葛兰西在虚假信息的影响下，以为关押在监狱不同部分的同志之间的讨论正在演变成派系。

在一次简短的会议上，葛兰西宣布，由于缺乏政治教育，他将暂停同志们之间正在进行的讨论，为期六个月。于是，"制宪会议"的问题在图里迪巴里诞生，又夭折了，但依然盘旋于葛兰西同志的脑海中，以至于在 1932 年 10 月，他再次向我说起这个问题时，仍然像 1930 年那样充满深切的信念和热情。

葛兰西演讲的第二天，我请他阐述一下他对法西斯主义的看法——他认为产生法西斯主义的历史条件是什么，它代表什么利益，以及它的社会构成成分又是什么。我觉得如果不弄清楚这一切，我们对意大利局势的看法就不可能是客观的。葛兰西同意了我的提议，第二天他大略回顾了法西斯主义的历史，我将尽可能简要地总结一下，避免过于陷入细节而扭曲葛兰西的观点。

他是这么说的：

我们在意大利看到的法西斯主义是资产阶级反动的一种特殊形式，它产生于资产阶级整体以及我国的特定历史条件。如果不将它放到意大利民族的历史以及意大利经济和政治结构的背景中，就无法准确理解意大利法西斯主义。如果我们想更扎实地解释我们称作意大利法西斯主义的那种反动形式的特征，我们必须至少回到意大利国家统一过程中连续阶段的历史矩阵，回到教会的恶劣影响，回到民主和社会民主主义的行动。意大利资产阶级缺乏政治统一性，这植根于我国的经济结构，在争取意大利独立的斗争时期表现得尤其明显，很大程度上能解释法西斯主义的起源和发展，一旦历史条件成熟，法西斯主义就能发挥团结一切资产阶级势力的功能。

相反，意大利缺乏真正的资产阶级民主革命，留下了一系列尚未解决的问题，而这些问题的解决本来可以增强意大利资产阶级的凝聚力，于是加剧了阶级斗争，加速了无产阶级的发展。如果说通过参加第一次世界大战，意大利资产阶级似乎实现了前所未有的团结，战后时期又重新引发了那些战争本来已经部分缓和的所有矛盾，加剧了意大利社会的那些老问题。这是一个具有历史意义的时刻，相互对抗的各个力量之间却展现出如此相似的平行关系。一方面，资产阶级势力在缺乏任何政治统一性的情况下进行斗争，将战争的代价强加给工人阶级，另一方面，社会党领导的工人阶级为夺取政权而斗争，自身却没有实现阶级团结。但是，当意大利无产阶级在社会党的错误领导下，将自己的革命潜力稀释在无法夺取政权的策略中时，资产阶级成功地重新结集力量，对抗工人阶级。

法西斯运动的第一阶段始于一些农业地区的地主资助的暴力小队，特别是波河河谷，体现了一般性的资产阶级反对工人阶级的斗争，特别是农业资产阶级反对农业劳动者结盟的斗争。意大利资产阶级的策略遵循两条轨迹：一条针对工会，另一条针对全国农业劳动者联盟（Federterra）。然而，它攻击的锋芒始于乡村，然后转向城市，颠覆了意大利农村社会被城镇扼制的传统。一开始，法西斯组织中的活跃分子是从社会渣滓中招募来的。第二阶段，在乔利蒂（Giolitti）政府给予支持后，活跃分子则来自农村和城市的小资产阶级，他们认为轮到自己来决定意大利的未来了。这一时刻恰逢法西斯主义的社会基础扩大，以及在占领工厂运动中表现出来的革命势头逐渐消退。意大利政治斗争的所有进一步发展，透过法西斯党纷乱且矛盾的行动这个棱镜，反映了无产阶级与资产阶级煽动的各个社会阶级采取的行动—反应（action-reaction）之间的冲突的各个阶段。这个过程与意大利的资本集中化大致同时进行，导致金融资本主义占据主导地位，而法西斯主义政治服务于金融资本主义的利益。

因此，在某个时刻，法西斯主义成为捍卫意大利资产阶级内部这一部分利益的组织形式，同时又在一定程度上通过各种

方式设法缓和整个阶级内部不同利益之间的分歧。意大利大量

机构的反民主特征促进了这种作用，包括禁止对最强大的经济集团唯我独尊的权力进行任何制约的法律制度，臣服于国王自由裁量权的议会，不经选举产生的司法机构，等等。

伴随着资产阶级力量的集中化，工人阶级也逐渐激进化，但速度慢得多——共产党及其意识形态在一定程度上体现了这一进程。尽管法西斯主义在解决经济危机方面彻底失败，但它确实让意大利资产阶级在没有太大动荡的情况下克服了战后多年的深刻政治危机，获得了相对稳定的地位。当然，这是以牺牲工人阶级为代价的。尽管到目前为止得到了控制，但意大利的经济危机肯定会加深，它的后果已经能从工人和农民的骚乱以及日益上升的经济和政治不满中看出来。无产阶级夺取政权的客观条件已经具备。但这些还不够。广大群众，尤其是农民，缺乏工人的政治成熟。伪无产阶级社会主义党派和小团体的影响尚未被消除。党面临着获得无产阶级领导权的紧迫问题，没有领导权就不可能夺取政权。党应该做好资产阶级会采取极端措施保护自己的准备，在意大利，资产阶级甚至可能向农民割让土地。最大的问题仍然是阶级力量的相互关系。考虑到我国的特殊情况，党的行动应该旨在迅速改变力量平衡，使之有利于工人阶级。

在总结葛兰西的观点时，我依靠记忆的准确性，抛开任何宗派因素，尽量不用自己的观点干扰葛兰西的想法。我不能保证我已经准确地报告了葛兰西两年半以前告诉我们的一切。任何阅读并讨论本报告的人，都应该牢记这一点。①

我从来没有听葛兰西谈论过党的政策。每当有人问他这些，他都毫不犹豫地回答："我认为党的路线是正确的。"但他对意大利局势的分析表明党的路线并不正确。这让我们感到不安，让我们感到深深的幻灭，而不是反思和讨论的刺激。尽管我们尊敬和爱戴葛兰西，但党奉行的政治路线与葛兰西提出的对抗法西斯主义唯一有效的路线之间的明显反差，让我们中的一些人无法接受。

洛·萨尔多在监狱中患上了肾炎，身体状况肉眼可见地衰退。②意识到自己时日无多，他请求允许他在自己的亲人身边死去。内政部通过监狱当局告知他，如果他向政权表示屈服，就能如愿。这位当时大约七十五岁的同志对待这个回复的轻蔑态度，让我们这些爱他的人感到惊讶，如果这样做能让他多活几年，我们会原谅他。洛·萨尔多选择留在监狱，看着自己慢慢死去，而不是请求宽恕。他最亲近的赖，像孝顺的儿子一样照顾他，但这对洛·萨尔多这样病重的人来说根本不够。有时在院子里，我会叫他和我一起玩跳棋，我们用一块砖头在石凳上画出棋盘，然后故意让他赢。洛·萨尔多非常高兴，他觉得这说明他的心智能力没有减弱。但事实并非如此。最终，他被送

---

① 利萨发表在《重生》杂志上的报告到此结束。
② 弗朗切斯科·洛·萨尔多（Francesco Lo Sardo, 1871—1931），是一位来自西西里岛的社会主义激进分子，1924 年成为该岛第一位共产党众议员。

往医院，这位对工人阶级无比忠诚的英勇战士去世了。图利在监狱的院子里为他举行了一场追悼会，葛兰西和我们其他人都站在那里哀悼。我们中最年长的一位战士，永远离开了我们。他的遗产是他以高贵的西西里大地独有的热情进行的战斗，以及他树立的以身殉道捍卫自己信念的榜样。

在我们讨论完意大利政治局势后不久，布鲁诺·托辛（Bruno Tosin）抵达了图里迪巴里。每当一个新同志进入我们的监狱时，他总是会被视为来自外面世界的信使，在几天时间里照亮了比他先入狱的人的生活。我们想知道很多事情，提出了很多问题，但最重要的是，我们想了解意大利最近发生了什么、党的工作以及法西斯主义垮台的前景。托辛曾是一名党的公职人员，被捕前曾在都灵与卡米拉·拉维拉（Camilla Ravera）共事。他是一位训练有素的同志，曾在列宁学校学习过课程，并担任了多年党的干部。因此，他可以向我们提供重要的政治和经济信息，告诉我们工人们在多大程度上执行了党的政策，我们在这个国家可以调动哪些势力，党如何看待法西斯主义的未来。

托辛告诉我们的信息与我们已经知道的并没有太大的差异，但让我们震惊的是，他说党预计到年底会发生革命。我们毫不掩饰对这个谄媚预言的怀疑，并请他告诉葛兰西他对我们说的话。第二天，经过我们提醒的葛兰西会见了托辛。他问托辛何时何地被捕，刑期是多久，被捕前他在哪里活动。当托辛回答

169

最开始几个问题时，葛兰西的表情变得愈发专注，甚至严厉。然后他突然问："你在都灵和该省工作的时候，有多少活跃的同志？"托辛想了想，然后回答说："大概一百人。"葛兰西露出了一副他在严肃时刻的典型表情。没有多说其他话，他友好地挽着托辛的胳膊问："所以你想和这么些共产党员一起闹革命？"托辛好像触了电一样，回答不上来。葛兰西不是那种表达了严厉的意见（在这种情况下不仅仅涉及托辛）之后会让别的同志感到羞辱或冒犯的人。他继续跟托辛聊着不同的话题，就好像什么事都没发生过一样。但他脸上的表情，却表明他还没有恢复往常的平静。

葛兰西对意大利和国际形势的分析将图里的同志们分成了两个对立的阵营，并在牢房里和操场上引发了激烈和热情的讨论。同志们进行政治讨论并不稀奇，也不反常，狱警也没有大惊小怪。但葛兰西有不同的看法，他担心这些讨论会在我们中间引发实际的派系分裂。皮亚琴蒂尼和切雷萨肯定通过歪曲我们的讨论助长了这种毫无根据的恐惧，讨论的目的本质上是为了澄清葛兰西提出的问题，而我们根本没有就此形成定论。于是，就在我们准备向葛兰西提出我们的一些结论时，他召集我们，说他将暂停所有进一步的讨论，为期六个月，以防止出现派系。这个决定令所有听过葛兰西演讲的人感到失望，因为它剥夺了我们继续讨论的机会，而这本来可以帮助我们澄清对葛兰西认为党应该采取的路线的某些方面的看法，而且肯定没有

170

减少酝酿中的怨恨情绪，尤其是在最年轻的囚犯中，原因不全是政治性的。这就是葛兰西通过剥夺我们讨论一个他曾说过想知道我们想法的问题的机会，来惩罚我们小组的真正原因吗？

依我看，他之所以作出这个决定最可能的解释是他的健康状况，以及他给自己定下的规矩，即严格遵守监狱规定，避免被转移到另一个监区，甚至更糟，被送到另一所监狱。这个猜想也许看起来不合逻辑，但考虑到葛兰西当时的健康状况，是完全有可能的。尽管服用了大剂量的镇静剂，他的失眠症依然越来越严重，甚至到了不可救药的地步。我们牢房的午夜检查吵醒了他，余下的长夜他就再也睡不着了。监狱当局采取了一些措施减少检查的噪声，但没什么帮助。实情是，葛兰西的健康状况一天天恶化下去。恶化的第一个迹象是，他开始反复咳血，而监狱中的治疗措施收效甚微。葛兰西需要转移到疗养院，在一个良好的环境中，才有机会康复。图里不是这样的地方，尽管他能收到他妻子的姐姐塔蒂亚娜带给他的药品。

此外，他白天长时间坐在桌子旁，加剧了他身体状况的恶化。有时我们建议他白天休息，但他不听我们的。他说，我权当自己在《新秩序》(*L'Ordine Nuovo*)编辑部，需要每天写一篇文章。我觉得，他处理的主题的范围兑现了他的回答。葛兰西当然希望为意大利问题提供原创的解决方案，帮助意大利运动在政治上沿着他经常指出的路线向前发展。他关于福特主义的讨论，实际上是对尊敬的里博尔迪（Riboldi）同志在图里迪巴

171

里所采取的立场的回应，里博尔迪看了几本福特的书后认为福特主义等同于社会主义。[①] 由于里博尔迪正在写一本关于这个主题的书，毫无疑问，他促使葛兰西写下了他也许会在《新秩序》上说的话。我们可以猜到葛兰西在写什么，以及为什么他会有如此强烈的写作欲望，但他没有进一步解释。他没有告诉任何人他实际上在写什么，只是说他在写关于贝内德托·克罗齐或知识分子的功能或梵蒂冈的文章，但没有详细说他想处理的问题。他是认为他的同志们没有能力讨论这些问题，还是担心他的工作可能会因为不慎传到监狱当局耳中而受到妨碍，所以保持沉默？我认为第二个假设更接近实情。

客观来讲，葛兰西不信任任何同志。倒不是说他认为有谁会向当局告发他写的实际内容，他总是试图用难以捉摸的措辞来掩饰这些内容，而且从一开始就很少有同志知道他在写作。这是因为监狱里的气氛产生了一种对一切的系统性不信任感，尤其是葛兰西的身体健康状况如此岌岌可危。葛兰西觉得绝对必须留在图里迪巴里，他不想冒着被转移到另一所监狱的风险。他是共产党的领导人，他知道自己受到的监视有多严密，每天要冒多少风险。这样看来，我们可以理解和认同他对人和事的猜疑。

我因为发烧病倒了，而监狱里的两位医生却误诊为伤寒。

---

① 埃齐奥·里博尔迪（Ezio Riboldi），意大利议会前社会党众议员，20 年代加入共产党并入狱，1933 年获得特赦并被意共开除。

172

由于政治犯不能使用监狱医务室，只好凑合使用我与里博尔迪和佩尔蒂尼（Pertini）共用的牢房，尽管它缺乏照顾体温高达40—41摄氏度的病人的最基本的条件。在监狱当局的批准下，佩尔蒂尼和赖日夜轮流照顾我，给了我在监狱医务室肯定享受不到的精心照料，我欠他们太多的人情。[①]但我仍然病了几个月，病情每天都在恶化。佩尔蒂尼不得不与奇斯泰尼诺（Cisternino）医生争论，这位医生是图里迪巴里的法西斯党委书记，他经常表示惊讶，说尽管我烧得滚烫，却从来没有精神错乱。这位口吃的医生医学知识有限，而且是一个心胸狭隘的宗派法西斯分子。有一天早上，他又习惯性重复说那些老一套的话，说按道理我应该陷入精神错乱状态才对。他说："他的头脑仍然很清醒。"佩尔蒂尼回答说："比你更清醒。"随后两人发生了争吵，佩尔蒂尼差点再次被单独监禁。图里的同志们担心我的身体状况，要求监狱管理当局把我转移到医院，但当卫生部批准后，我的状况已经不适合运送了。我能察觉出我的情况很危急，因为当地的教区牧师一直来探望我，尽管我既没有要求也没有鼓励他来，还有狱卒长每天晚上也会来查看我是不是还活着。监狱当局已经把我的情况通知了我的家人，因此我已经办完了所有手续，只等一命归西。

173

---

① 桑德罗·佩尔蒂尼（Sandro Pertini，1896—1990），社会主义者，后来领导了抵抗运动，战后成为意大利社会党的众议员和参议员，最终成为共和国总统（1978—1985）。乔瓦尼·赖（Giovanni Lai），撒丁岛共产党员，活跃于卡利亚里，战后成为中央委员。

要不是佩尔蒂尼筹到路费，我的家人就无法从里窝那（Livorno）来到图里迪巴里。一位修道士受托执行这项任务，他是佩尔蒂尼母亲的朋友，经常来图里看望他，给他带来母亲的消息，于是我的家人收到了来看我的路费。我的姐妹们在一位巴里大学教授的陪同下抵达图里，这位教授是住在巴里的朋友们推荐的。正是姐妹们的探望，把我从鬼门关拉了回来。当着两名狱医、狱卒长以及我的姐妹们的面，我很快得到了诊断结果，所有人都大吃一惊，尤其是负责我的两位医生。教授问："你们给他治疗的是什么病？"医生咕哝说："伤寒热。"教授比画了一个解雇的手势，说他们应该能从我的体温表看出我得了马耳他热。教授二话不说，给出了我的治疗建议。不用冰块（我每天消耗18公斤），不用灌肠，也不用节食。必须立刻给我进食，一开始每天喂我四分之一的蛋黄，然后逐渐喂我更多的食物。如果有花园，应该带我出去呼吸新鲜空气。亲爱的教授，我忘记了他的名字，他显然从来没有进过监狱，否则他会明白某些特权是不给予囚犯的。

174

葛兰西和其他同志一样，焦急而诚挚地关注着我的病情进展。有一天，他透过我牢房门上的小窗户凝视着我，把手伸进来，递给我一小束花，那是他在我们锻炼的院子的一个小角落里种的花上摘下来的。他问："你怎么样了？"他祝我早日康复，然后回到了自己的牢房。对一个像葛兰西这样并不多愁善感的人来说，这是一个很不寻常的举动。然而，监狱，并不会扼杀或耗竭感情，反而会鼓励表露感情，尤其是同志之间。它把那些被剥夺了捍卫同样想法、同样世界观的自由的人聚集到一起。保护自己生命的需要会导致自私，消灭团结，根本不是这样，日常的监狱生活实际上增进了团结。由于我接受了很多治疗，我的病情拖延了很长时间。我的烧退了，但并没有彻底消失，所以最后我被转移到另一所监狱，我从那里完全不同的气氛中受益良多。

175

索 引 *

* 这里的数字表示英文原书页码，即本书的边码。——编者注

图书在版编目(CIP)数据

葛兰西的二律背反/(英)佩里·安德森
(Perry Anderson)著;吴双译.—上海:上海人民出
版社,2024
书名原文:The Antinomies of Antonio Gramsci
ISBN 978-7-208-18797-9

Ⅰ.①葛… Ⅱ.①佩… ②吴… Ⅲ.①葛兰西(
Gramsci,Antonio 1891-1937)-哲学思想-思想评论
Ⅳ.①B546

中国国家版本馆 CIP 数据核字(2024)第 055375 号

责任编辑　刘华鱼
封面设计　夏　芳

葛兰西的二律背反
［英］佩里·安德森　著
吴　双　译

出　　版　上海人民出版社
　　　　　（201101　上海市闵行区号景路 159 弄 C 座）
发　　行　上海人民出版社发行中心
印　　刷　苏州工业园区美柯乐制版印务有限责任公司
开　　本　720×1000　1/16
印　　张　12.75
插　　页　2
字　　数　117,000
版　　次　2024 年 5 月第 1 版
印　　次　2024 年 10 月第 2 次印刷
ISBN 978-7-208-18797-9/B·1739
定　　价　68.00 元

上海人民出版社·独角兽

"独角兽·历史文化"书目

[英]佩里·安德森著作
《从古代到封建主义的过渡》
《绝对主义国家的系谱》
《新的旧世界》
《葛兰西的二律背反》

[英]李德·哈特著作
《战略论:间接路线》
《第一次世界大战战史》
《第二次世界大战战史》
《山的那一边:被俘德国将领谈二战》
《大西庇阿:胜过拿破仑》
《英国的防卫》

[美]洛伊斯·N.玛格纳著作
《生命科学史》(第三版)
《医学史》(第二版)
《传染病的文化史》

《社会达尔文主义:美国思想潜流》
《重思现代欧洲思想史》
《斯文·赫定眼中的世界名人》

《欧洲文艺复兴》
《欧洲现代史:从文艺复兴到现在》
《非洲现代史》(第三版)
《巴拉聚克:历史时光中的法国小镇》
《语言帝国:世界语言史》
《鎏金舞台:歌剧的社会史》
《铁路改变世界》
《棉的全球史》
《土豆帝国》
《伦敦城记》
《威尼斯城记》

《工业革命(1760—1830)》
《世界和日本》
《世界和非洲》
《激荡的百年史》
《论历史》
《论帝国:美国、战争和世界霸权》
《法国大革命:马赛曲的回响》
《明治维新史再考:由公议、王政走向集权、去身份化》

阅读,不止于法律。更多精彩书讯,敬请关注:

微信公众号　　　　微博号　　　　视频号